Guía del Ejecutivo Eficiente

Introducción: El perfil del ejecutivo eficiente

- Definición del ejecutivo eficiente

El ejecutivo eficiente es, en esencia, un líder que no solo logra resultados sobresalientes, sino que lo hace optimizando los recursos a su disposición, gestionando el tiempo de manera eficaz y liderando con visión estratégica. La eficiencia en este contexto no se limita a realizar tareas rápidamente, sino a hacerlo de manera que maximice el impacto de cada acción y decisión dentro de la organización. Ser un ejecutivo eficiente implica una combinación única de habilidades técnicas, intelectuales y emocionales, todas enfocadas en la creación de valor y en la mejora continua tanto de los procesos como de las personas a su cargo.

A continuación, exploraremos las características clave que definen a un ejecutivo eficiente en el entorno empresarial moderno.

1. Gestión del Tiempo y Prioridades

El ejecutivo eficiente comprende que el tiempo es su recurso más valioso y no renovable. En lugar de dejarse llevar por la cantidad de tareas a completar, se enfoca en la calidad de las mismas. Para ello, emplea técnicas avanzadas de gestión del tiempo que le permiten no solo cumplir con sus obligaciones, sino hacerlo de manera que maximice su impacto en la organización.

Una herramienta esencial en este aspecto es la capacidad de priorización. El ejecutivo eficiente sabe identificar qué tareas son realmente cruciales para el logro de los objetivos estratégicos y cuáles pueden ser delegadas, postergadas o incluso eliminadas. La famosa **Matriz de Eisenhower**, que divide las tareas en cuatro cuadrantes (urgente e importante, no urgente pero importante, urgente pero no importante, y ni urgente ni importante), es uno de los métodos que suelen utilizar para enfocar su atención en lo que realmente importa.

Además, el ejecutivo eficiente no es esclavo de su agenda, sino que la domina. Es capaz de decir "no" de manera inteligente y estratégica, entendiendo que aceptar cada tarea que se le presenta diluye su capacidad de enfoque y reduce su productividad global. En este sentido, el ejecutivo eficiente adopta un enfoque proactivo, anticipando problemas y abordando las tareas clave antes de que se conviertan en urgencias que desestabilicen su planificación.

2. Toma de Decisiones Rápida y Efectiva

Otro aspecto crucial en la definición de un ejecutivo eficiente es su capacidad para tomar decisiones de forma rápida, pero no apresurada. Las decisiones son el corazón del liderazgo y del éxito empresarial. El ejecutivo eficiente ha desarrollado una habilidad afinada para recopilar la información necesaria, analizarla y actuar con confianza en plazos ajustados.

Esta habilidad está ligada a un profundo conocimiento tanto de la organización como del entorno en el que opera. El ejecutivo eficiente sabe cómo equilibrar la intuición y la lógica, y comprende que, en la era actual de los negocios, la demora en la toma de decisiones puede ser tan perjudicial como tomar decisiones erróneas. Con frecuencia, la clave no está en tomar la decisión perfecta, sino en tomar una buena decisión rápidamente y ajustarla sobre la marcha según sea necesario.

Para lograr esto, el ejecutivo eficiente se apoya en el uso de **herramientas de análisis de datos**, que le proporcionan una visión clara y objetiva de las posibles opciones. Sabe cómo gestionar el riesgo, equilibrando los beneficios potenciales y las posibles consecuencias negativas de cada acción. Además, entiende que delegar la toma de decisiones en otros niveles de la organización puede ser una forma eficaz de acelerar procesos sin sacrificar el control estratégico.

3. Visión Estratégica y Orientación a Resultados

La eficiencia en la ejecución está indisolublemente ligada a la visión estratégica. Un ejecutivo eficiente no se limita a gestionar el día a día, sino que mantiene una visión a largo plazo, alineando sus acciones cotidianas con los objetivos globales de la organización. Esta capacidad de mantener el foco en el horizonte a la vez que maneja los detalles operativos es lo que le permite generar un impacto real y sostenible.

La orientación a resultados es otra característica central del ejecutivo eficiente. No se trata solo de completar tareas, sino de generar valor tangible. Cada decisión, cada proyecto y cada interacción tiene como objetivo avanzar hacia la consecución de metas claras y medibles. Este enfoque en resultados permite al ejecutivo eficiente mantener la motivación en sus equipos y establecer métricas claras para evaluar el éxito.

Para sostener esta visión estratégica, el ejecutivo eficiente debe ser también un excelente **gestor del cambio**. En un entorno empresarial donde la disrupción es la norma, la capacidad de adaptarse y de guiar a su equipo a través de transiciones rápidas es vital. La resistencia al cambio o la incapacidad de prever transformaciones en el mercado pueden hacer que incluso el ejecutivo más competente se quede atrás.

4. Liderazgo y Desarrollo de Talento

Uno de los diferenciadores clave entre un ejecutivo eficiente y un gestor promedio es su habilidad para liderar y desarrollar talento. La eficiencia, en este contexto, no se refiere solo a los procesos o resultados, sino también a cómo el ejecutivo es capaz de maximizar el potencial de su equipo. Un ejecutivo eficiente sabe que su éxito no depende únicamente de sus capacidades individuales, sino de la eficacia colectiva de las personas que lidera.

Para ello, se enfoca en **crear equipos de alto rendimiento**, fomentando una cultura de colaboración, respeto mutuo y objetivos compartidos. A través de una comunicación clara, metas bien definidas y un sistema de reconocimiento y recompensas, el ejecutivo eficiente se asegura de que cada miembro del equipo esté motivado y orientado hacia los resultados.

Además, un ejecutivo eficiente es un mentor. Se preocupa por el crecimiento personal y profesional de sus subordinados, proporcionando feedback constante y oportunidades de desarrollo. Sabe identificar las fortalezas y áreas de mejora en su equipo y trabaja activamente para potenciar las primeras y corregir las segundas.

5. Adaptabilidad y Resiliencia

En un entorno de negocios dinámico, la capacidad de adaptarse rápidamente a nuevas circunstancias es un componente esencial de la eficiencia. El ejecutivo eficiente es ágil, capaz de reajustar estrategias y enfoques según lo exijan las circunstancias externas. Esta adaptabilidad no significa reaccionar de manera impulsiva ante cada cambio, sino estar preparado para ajustar el rumbo de manera inteligente y oportuna.

La **resiliencia** es otra característica esencial del ejecutivo eficiente. Este no se desanima ante los fracasos o contratiempos, sino que aprende de ellos y ajusta su enfoque. El ejecutivo eficiente entiende que los errores son parte del proceso de crecimiento, tanto personal como organizacional, y utiliza cada revés como una oportunidad para mejorar.

6. Responsabilidad y Ética

Finalmente, el ejecutivo eficiente lidera con responsabilidad y ética. La eficiencia no está relacionada solo con los resultados financieros, sino también con cómo se logran esos resultados. Un verdadero líder eficiente tiene un sentido claro de la responsabilidad social y ética que conlleva su posición. Actúa con integridad en todas sus interacciones y decisiones, sabiendo que su comportamiento no solo afecta a los resultados empresariales, sino también a la reputación de la organización y la confianza de sus empleados.

La importancia de la eficiencia en el mundo empresarial actual

En el entorno empresarial contemporáneo, la eficiencia se ha convertido en uno de los pilares fundamentales para el éxito y la sostenibilidad de cualquier organización. En un mundo cada vez más competitivo y acelerado, las empresas se enfrentan a la necesidad de obtener resultados significativos con recursos limitados, optimizar procesos y adaptarse a cambios rápidos. La eficiencia, entendida como la capacidad de lograr el máximo rendimiento con el mínimo desperdicio de tiempo, recursos y esfuerzos, no solo es deseable, sino esencial.

A continuación, se analizan las principales razones por las que la eficiencia es crucial en el mundo empresarial actual y cómo impacta en las organizaciones a múltiples niveles.

1. Competitividad en un Mercado Globalizado

El mercado actual está profundamente interconectado a nivel global, lo que significa que las empresas ya no compiten únicamente a nivel local o regional, sino en un escenario internacional donde las barreras geográficas y de entrada se han reducido significativamente. Esta globalización genera una presión constante sobre las organizaciones para mejorar su competitividad. La eficiencia es clave para mantenerse relevante en este entorno global, ya que permite a las empresas operar con menores costos, ser más ágiles en la toma de decisiones y reaccionar con rapidez ante las necesidades del mercado.

Una empresa eficiente puede producir bienes y servicios con menos recursos, lo que le permite ofrecer precios más competitivos y, al mismo tiempo, mejorar sus márgenes de ganancia. Además, las organizaciones que adoptan un enfoque eficiente suelen innovar más rápidamente, lo que les otorga una ventaja competitiva frente a aquellas que se ven frenadas por procesos burocráticos o desorganizados. La eficiencia operativa se traduce en una mayor capacidad para adaptarse a las demandas del mercado, lo que es fundamental en sectores donde los cambios son constantes, como la tecnología, la moda, o el comercio minorista.

2. Optimización de Recursos Financieros y Humanos

En un entorno empresarial donde la maximización de recursos es esencial, la eficiencia se convierte en un medio para hacer más con menos. Las organizaciones que optimizan sus procesos pueden reducir significativamente los costos operativos, lo que impacta positivamente en su rentabilidad. Por ejemplo, una empresa eficiente puede minimizar desperdicios en la cadena de suministro, reducir tiempos muertos en la producción o mejorar la asignación de personal, lo que a su vez mejora la productividad general.

Además, la eficiencia no solo se limita a los aspectos financieros. Los recursos humanos, que representan uno de los activos más importantes para cualquier organización, también se benefician de una gestión eficiente. Cuando los empleados tienen claras sus tareas, cuentan con las herramientas necesarias para realizar su trabajo y no se ven saturados por procesos innecesarios o desorganizados, su productividad aumenta. Un entorno eficiente genera menos estrés, menor rotación de personal y una mayor satisfacción laboral. En resumen, una buena gestión de los recursos humanos a través de la eficiencia se traduce en empleados más motivados y comprometidos, lo que impacta directamente en la calidad del trabajo y en el éxito empresarial.

3. Adaptabilidad y Respuesta Rápida al Cambio

La capacidad de adaptación es esencial en el entorno empresarial moderno, donde la velocidad del cambio es vertiginosa. Las empresas enfrentan disrupciones tecnológicas, cambios en las preferencias del consumidor, fluctuaciones en los mercados y nuevos competidores emergentes. En este contexto, la eficiencia permite a las organizaciones adaptarse rápidamente a estos cambios sin perder competitividad.

Un enfoque eficiente permite a las empresas ser ágiles y flexibles. Aquellas organizaciones que operan con procesos claros y optimizados pueden tomar decisiones de manera más rápida y efectiva, lo que les permite reaccionar ante cambios inesperados en el mercado, ajustar su oferta de productos o servicios, y adaptarse a nuevas regulaciones o tecnologías sin grandes disrupciones. Por ejemplo, una empresa con una cadena de suministro eficiente puede redirigir recursos o modificar su producción con rapidez cuando surge una nueva oportunidad de mercado o cuando se enfrenta a una crisis.

La adaptabilidad, facilitada por la eficiencia, también es fundamental para la innovación. Las empresas que son capaces de mejorar continuamente sus procesos y adaptarse a nuevas tecnologías tienen mayores probabilidades de mantenerse a la vanguardia en sus sectores. La eficiencia, por tanto, no solo es una cuestión operativa, sino una estrategia para mantenerse competitivo en un entorno empresarial en constante evolución.

4. Satisfacción del Cliente y Mejora en el Servicio

La eficiencia también impacta directamente en la experiencia del cliente. En un mercado donde las expectativas de los consumidores son cada vez más altas y el acceso a la información es inmediato, la capacidad de una empresa para cumplir con las demandas del cliente de manera rápida y efectiva es crucial para su éxito.

Un sistema empresarial eficiente permite a las organizaciones ofrecer productos y servicios de mayor calidad, reducir tiempos de entrega y ser más receptivas a las inquietudes o sugerencias de los clientes. Las empresas que son capaces de optimizar su operación pueden enfocarse más en la atención personalizada y en el valor agregado, en lugar de desperdiciar tiempo y recursos en procesos internos lentos o ineficaces.

Además, la eficiencia mejora la relación costo-beneficio para los clientes, lo que aumenta su satisfacción y fidelidad. Una empresa que puede operar con costos reducidos tiene mayor flexibilidad para ofrecer precios competitivos o invertir en la mejora continua de sus productos, lo que a su vez fortalece la lealtad de los clientes y aumenta su valor en el mercado.

5. Sostenibilidad y Responsabilidad Social Corporativa

En el mundo empresarial actual, la sostenibilidad es un factor cada vez más relevante. La eficiencia no solo tiene un impacto económico, sino también ambiental y social. Las empresas eficientes suelen ser más sostenibles, ya que optimizan sus procesos para minimizar el uso de recursos y reducir el desperdicio, lo que se traduce en un menor impacto ambiental.

La sostenibilidad se ha convertido en un criterio importante tanto para los consumidores como para los inversores, por lo que las empresas que adoptan prácticas eficientes y responsables son vistas de manera más favorable por el mercado. Además, una gestión eficiente puede ayudar a las organizaciones a cumplir con las normativas ambientales y a reducir costos relacionados con el consumo de energía, el tratamiento de residuos y el uso de materiales.

A nivel social, la eficiencia también permite a las empresas ser más responsables en términos de relaciones laborales y de impacto en la comunidad. La optimización de recursos y la mejora de procesos pueden liberar fondos que se pueden reinvertir en programas de bienestar para los empleados o en iniciativas de responsabilidad social corporativa, lo que contribuye a una imagen más positiva de la empresa.

6. Mejora Continua e Innovación

Finalmente, la eficiencia es clave para fomentar una cultura de mejora continua e innovación dentro de las organizaciones. La eficiencia no es un estado final, sino un proceso en constante evolución. Las empresas que buscan ser eficientes siempre están evaluando y mejorando sus procesos, lo que les permite estar en una posición privilegiada para innovar.

La eficiencia, en este sentido, es un trampolín hacia la innovación, ya que libera recursos y tiempo que pueden ser destinados a la exploración de nuevas ideas, productos y soluciones. Las organizaciones que no están atrapadas en procesos ineficaces pueden concentrar sus esfuerzos en la investigación y el desarrollo, en la mejora de la experiencia del cliente y en la creación de nuevos modelos de negocio que las mantengan competitivas en el largo plazo.

Cómo evaluar la propia eficiencia

Evaluar la propia eficiencia es un proceso crucial para cualquier ejecutivo que busca mejorar su rendimiento y el de su organización. Esta evaluación no solo implica medir cuánto trabajo se realiza, sino también cuán eficazmente se aprovechan los recursos disponibles, incluidos el tiempo, las habilidades y las herramientas tecnológicas. Con una comprensión clara de los factores que influyen en la eficiencia personal y profesional, un ejecutivo puede identificar áreas de mejora y realizar ajustes que lleven a un desempeño más optimizado.

La evaluación de la eficiencia no es algo que se deba realizar de manera esporádica, sino que debe formar parte de un ciclo continuo de autoevaluación, ajuste y mejora. A continuación, se detallan diversas estrategias para llevar a cabo una evaluación exhaustiva de la eficiencia personal.

1. Análisis del Uso del Tiempo

Uno de los componentes más críticos para la evaluación de la eficiencia es el análisis del uso del tiempo. La forma en que un ejecutivo gestiona su tiempo determina en gran medida su capacidad para alcanzar objetivos y liderar con éxito. Para evaluar esta área, es fundamental realizar un seguimiento detallado de cómo se distribuyen las horas del día.

- **Registro de actividades:** Mantener un registro diario de las actividades durante una semana o un mes es un excelente punto de partida. Esto permite identificar cuánto tiempo se dedica a tareas específicas, tanto productivas como improductivas. También ayuda a detectar posibles "ladrones de tiempo", como reuniones innecesarias, correos electrónicos excesivos o interrupciones constantes.

- **Identificación de tareas clave:** Es esencial preguntarse si el tiempo está siendo invertido en tareas prioritarias que aportan valor real al negocio, o si se está dispersando en tareas administrativas o de bajo impacto. Herramientas como la **Matriz de Eisenhower** (urgente vs. importante) pueden ser útiles para determinar cuáles tareas deben ser delegadas, automatizadas o eliminadas.

- **Evaluación del tiempo no productivo:** A través del registro de actividades, es posible detectar momentos de procrastinación, tiempo perdido en desplazamientos o distracciones frecuentes. Reflexionar sobre cómo minimizar estos períodos es vital para optimizar el tiempo disponible.

2. Medición de Resultados vs. Esfuerzos

Una forma directa de evaluar la eficiencia es comparar los resultados alcanzados con el esfuerzo invertido. Un ejecutivo eficiente logra más con menos esfuerzo, pero esta relación no siempre es fácil de medir. Para hacerlo:

- **Establecimiento de metas claras:** Si los objetivos profesionales y personales no están claramente definidos, será difícil medir si los esfuerzos están bien dirigidos. Por lo tanto, es fundamental definir metas específicas, medibles, alcanzables, relevantes y con plazos determinados (SMART).

- **Seguimiento de indicadores clave de rendimiento (KPIs):** Los KPIs permiten medir el progreso hacia los objetivos establecidos. En el caso de un ejecutivo, los KPIs pueden incluir indicadores financieros, como el aumento de ingresos o la reducción de costos, así como indicadores relacionados con la satisfacción del equipo, la mejora en los procesos operativos, o la innovación.

- **Relación esfuerzo-resultado:** Una vez que los objetivos y KPIs están establecidos, se puede comparar el esfuerzo invertido con los resultados obtenidos. Si se están logrando resultados significativos con un esfuerzo moderado, es señal de eficiencia. Si, por el contrario, el esfuerzo es desmedido en comparación con los resultados, es un indicio de que los recursos no están siendo utilizados de manera óptima.

3. Feedback 360º y Autoevaluación

El feedback de terceros es una herramienta poderosa para evaluar la eficiencia, ya que ofrece perspectivas que uno mismo puede no haber considerado. A través del **feedback 360º**, se recopilan opiniones de superiores, colegas, subordinados y clientes sobre el desempeño y la eficiencia del ejecutivo.

- **Solicitar retroalimentación estructurada:** Es recomendable pedir retroalimentación de manera estructurada, con preguntas específicas relacionadas con la capacidad de gestión del tiempo, la efectividad en la toma de decisiones, y el impacto en los resultados generales de la empresa.

- **Evaluación periódica:** Realizar una autoevaluación periódica sobre el rendimiento es fundamental para mantener un enfoque claro sobre las áreas que necesitan mejoras. La autoevaluación debe ser objetiva, enfocándose en preguntas como: "¿He cumplido mis metas a tiempo?" o "¿Podría haber logrado más con el mismo nivel de esfuerzo?"

- **Contraste entre autoevaluación y feedback externo:** Comparar la autoevaluación con el feedback de los demás ayuda a detectar posibles áreas de mejora que no se habían percibido inicialmente. Si, por ejemplo, un ejecutivo cree que está siendo eficiente, pero sus colegas destacan que sus tiempos de respuesta son lentos o que las tareas se acumulan, esto indica que hay aspectos que deben ajustarse.

4. Evaluación de la Gestión de Recursos

Un ejecutivo eficiente también debe evaluar cómo gestiona los recursos a su disposición, que incluyen tanto recursos humanos como tecnológicos y financieros.

- **Delegación adecuada de tareas:** La capacidad para delegar es uno de los factores clave para ser eficiente. Un ejecutivo que asume demasiadas tareas menores reduce su capacidad para enfocarse en los objetivos estratégicos. Es crucial evaluar si se está delegando correctamente a las personas adecuadas y si los procesos de seguimiento son efectivos.

- **Uso de tecnología:** La tecnología es una aliada fundamental en la eficiencia empresarial. Evaluar si se están utilizando las herramientas tecnológicas adecuadas para optimizar el trabajo, como software de gestión de proyectos, automatización de procesos o plataformas de comunicación, puede marcar una gran diferencia. Un ejecutivo eficiente se asegura de estar al día con las innovaciones tecnológicas que puedan mejorar su productividad.

- **Optimización de recursos financieros:** También es importante evaluar cómo se están gestionando los recursos financieros. Un ejecutivo eficiente buscará siempre formas de reducir costos sin comprometer la calidad de los resultados. La evaluación de presupuestos y gastos, así como la búsqueda constante de alternativas más rentables, es una señal de eficiencia en la gestión.

5. Capacidad de Adaptación y Flexibilidad

Un ejecutivo eficiente es también adaptable a los cambios, y esto es clave en la evaluación de la eficiencia. La flexibilidad para ajustar estrategias y replantear prioridades según las circunstancias cambiantes del entorno empresarial es un reflejo de una buena gestión.

- **Evaluación de la adaptabilidad:** Para evaluar la capacidad de adaptación, es necesario reflexionar sobre cómo se manejan los cambios imprevistos o las crisis. ¿Se logra mantener el enfoque y la productividad bajo presión, o los cambios causan un colapso en la eficiencia? Los ejecutivos que pueden reaccionar rápidamente y ajustar sus planes sin comprometer los resultados son generalmente más eficientes.

- **Incorporación de mejoras continuas:** La eficiencia implica también la mejora continua. Evaluar si se están adoptando nuevas metodologías, estrategias o herramientas que mejoren los procesos es esencial. Estar dispuesto a ajustar y mejorar es una señal de flexibilidad, que se traduce en eficiencia a largo plazo.

6. Balance entre Vida Profesional y Personal

Finalmente, un ejecutivo eficiente debe tener en cuenta el equilibrio entre la vida profesional y personal. El agotamiento o estrés extremo pueden reducir la eficiencia y afectar tanto el rendimiento personal como el del equipo.

- **Evaluar el nivel de equilibrio:** Es esencial reflexionar sobre el tiempo que se dedica al trabajo y a la vida personal, asegurándose de que se mantiene un equilibrio saludable. Un ejecutivo que logra desconectar adecuadamente y mantener un estilo de vida saludable es más propenso a ser productivo y eficiente en el trabajo.

Capítulo 1: Gestión del tiempo

- Técnicas de priorización: la matriz de Eisenhower, método Pomodoro

En el mundo empresarial, donde las demandas de tiempo y recursos son constantes, las técnicas de priorización juegan un papel crucial para maximizar la eficiencia y lograr los objetivos con eficacia. Dos de las herramientas más populares y eficaces para gestionar el tiempo y las prioridades son la **Matriz de Eisenhower** y el **Método Pomodoro**. Ambas técnicas ayudan a los ejecutivos a enfocar sus esfuerzos en lo que realmente importa, reduciendo las distracciones y mejorando la productividad.

1. La Matriz de Eisenhower: Separando lo Urgente de lo Importante

La Matriz de Eisenhower, también conocida como **Cuadrante de la Gestión del Tiempo**, fue popularizada por el presidente estadounidense Dwight D. Eisenhower, quien creía firmemente en la diferenciación entre tareas urgentes e importantes. Esta matriz es una herramienta visual que permite categorizar las tareas diarias en función de su urgencia e importancia, ayudando a los ejecutivos a decidir dónde enfocar sus esfuerzos.

La matriz está dividida en cuatro cuadrantes:

- **Cuadrante 1: Urgente e Importante (Acción Inmediata)**
  Estas son las tareas críticas que deben ser atendidas de inmediato. Son las que tienen plazos inminentes o

consecuencias serias si no se completan. El manejo de crisis, problemas urgentes y emergencias entran en esta categoría. Por ejemplo, una reunión de emergencia con un cliente clave o la resolución de una falla técnica en el sistema crítico de la empresa.

- **Acción recomendada:** Hacerlas de inmediato.

- **Cuadrante 2: Importante pero No Urgente (Planificación)**
  Este es el cuadrante clave para la productividad a largo plazo. Incluye tareas que son importantes para el crecimiento personal y profesional, pero que no requieren acción inmediata. Estas actividades, como el desarrollo de estrategias, la planificación a largo plazo, la capacitación o la construcción de relaciones, tienen un impacto profundo si se realizan con tiempo, pero si se descuidan, podrían volverse urgentes.

  - **Acción recomendada:** Planificar y dedicar tiempo regularmente.

- **Cuadrante 3: Urgente pero No Importante (Delegación)**
  Aquí se encuentran las tareas que requieren atención inmediata, pero que no son cruciales para los objetivos a largo plazo. Estas son distracciones que, aunque parecen urgentes, no aportan un valor significativo. Las interrupciones constantes, llamadas telefónicas, correos electrónicos o reuniones innecesarias a menudo caen en este cuadrante.

  - **Acción recomendada:** Delegar a otros si es posible.

- **Cuadrante 4: Ni Urgente ni Importante (Eliminar o Minimizar)**
  Estas tareas son aquellas que no aportan valor y son una pérdida de tiempo. Pueden ser distracciones o actividades

que parecen productivas, pero que no generan un impacto real en los resultados. Ejemplos incluyen ver televisión excesivamente, revisar redes sociales sin propósito o tareas de bajo valor.

- **Acción recomendada:** Eliminar o reducir al mínimo.

Ventajas de la Matriz de Eisenhower:

- Permite tomar decisiones informadas sobre dónde invertir el tiempo.
- Fomenta el enfoque en el trabajo estratégico a largo plazo.
- Ayuda a evitar la sobrecarga de tareas urgentes pero no importantes.
- Proporciona una estructura simple para organizar tareas de manera efectiva.

La clave para maximizar la eficiencia con esta matriz es asegurarse de que la mayoría del tiempo se invierte en el **Cuadrante 2**, donde las tareas importantes pero no urgentes impulsan el crecimiento y el éxito a largo plazo.

2. El Método Pomodoro: Gestión del Tiempo en Intervalos

El **Método Pomodoro**, desarrollado por Francesco Cirillo a fines de la década de 1980, es una técnica de gestión del tiempo que se centra en dividir el trabajo en intervalos de tiempo enfocados, llamados "Pomodoros" (en referencia al cronómetro de cocina en forma de tomate, "pomodoro" en italiano). Esta técnica promueve la concentración profunda y la reducción de la fatiga mental, lo que mejora la eficiencia y la calidad del trabajo.

El método sigue estos pasos simples:

1. **Elige una tarea que debas realizar.**
2. **Configura un temporizador para 25 minutos** (este periodo de tiempo se llama un "Pomodoro").
3. **Trabaja en la tarea durante esos 25 minutos sin interrupciones.**
4. **Cuando suene el temporizador, toma un descanso corto de 5 minutos.**
5. **Después de cuatro Pomodoros consecutivos**, toma un descanso más largo de 15 a 30 minutos.

Durante los 25 minutos de trabajo, es fundamental que el ejecutivo se concentre únicamente en la tarea elegida, evitando cualquier distracción. Una vez que suena el temporizador, el descanso breve permite recargar energía antes de comenzar el siguiente Pomodoro.

Ventajas del Método Pomodoro:

- **Mejora la concentración:** Eliminar las distracciones durante los 25 minutos de trabajo ininterrumpido permite una mayor concentración y un enfoque profundo en la tarea, lo que resulta en una mayor productividad.

- **Reducción de la fatiga mental:** Los descansos frecuentes (cada 25 minutos) ayudan a reducir la sensación de agotamiento, permitiendo a la mente descansar antes de enfrentar el siguiente Pomodoro.

- **Motivación y sentido de logro:** Cada Pomodoro completado da una sensación de logro, lo que motiva a continuar con la tarea. Además, el progreso se siente más tangible, ya que se mide en bloques de tiempo.

- **Facilita la planificación:** Al desglosar grandes tareas en pequeñas unidades de tiempo manejables, el trabajo parece más accesible y menos abrumador.

Aplicación en el entorno ejecutivo:

- Un ejecutivo puede utilizar el Método Pomodoro para abordar grandes proyectos o tareas complejas que requieren un enfoque ininterrumpido. Por ejemplo, la redacción de informes, la creación de estrategias o el análisis de datos pueden ser fragmentados en Pomodoros para evitar la sobrecarga mental.

- También es útil para minimizar las distracciones en ambientes de trabajo intensos. Si bien 25 minutos puede parecer poco, esta cantidad de tiempo está diseñada para mantener la concentración y evitar que las interrupciones afecten la productividad.

3. Integración de Ambas Técnicas para Maximizar la Productividad

Ambas herramientas —la **Matriz de Eisenhower** y el **Método Pomodoro**— son altamente complementarias y se pueden integrar para maximizar la eficiencia de un ejecutivo:

- **Usa la Matriz de Eisenhower para priorizar tareas:** Antes de comenzar el día, el ejecutivo puede usar la Matriz de Eisenhower para categorizar las tareas pendientes y decidir cuáles requieren su atención inmediata y cuáles pueden delegarse o eliminarse.

- **Aplica el Método Pomodoro para ejecutar las tareas más importantes:** Una vez que las tareas más importantes (del Cuadrante 2) han sido identificadas, se pueden desglosar en Pomodoros de 25 minutos. Esto no solo mejora la concentración, sino que también permite avanzar de manera más constante en proyectos de largo plazo.

Cómo decir "no" de manera efectiva

Saber decir "no" es una habilidad crucial para cualquier ejecutivo que desee mantener su productividad, gestionar sus responsabilidades de manera adecuada y proteger su tiempo y energía. En el mundo empresarial, las solicitudes constantes, las reuniones no esenciales y las tareas que no alinean con los objetivos principales pueden desviar a un ejecutivo de lo verdaderamente importante. A continuación, se explora cómo decir "no" de manera efectiva sin comprometer las relaciones profesionales ni la reputación.

1. Comprender la Importancia de Decir "No"

Decir "no" no significa ser negativo o poco colaborativo; significa priorizar y ser honesto acerca de lo que se puede y no se puede asumir. Muchos ejecutivos caen en la trampa de decir "sí" a todo por miedo a parecer incapaces o temer una oportunidad perdida. Sin embargo, aceptar más compromisos de los que uno puede manejar puede llevar al agotamiento, al descenso en la calidad del trabajo, e incluso a la pérdida de credibilidad.

Razones por las que es importante decir "no":

- **Evitar la sobrecarga:** Decir "sí" a todo puede llevar al exceso de tareas y compromisos, resultando en una menor productividad y estrés.
- **Preservar la calidad:** Asumir demasiadas responsabilidades puede reducir la capacidad para hacer un trabajo excelente, afectando los resultados a largo plazo.
- **Mantener el enfoque en prioridades clave:** Decir "no" a tareas secundarias permite dedicar tiempo a proyectos importantes que realmente impactan en el éxito empresarial.

2. Estrategias para Decir "No" de Manera Efectiva

Cuando se trata de decir "no", la forma en que se comunica este mensaje es tan importante como la decisión misma. A continuación, se presentan estrategias clave para rechazar solicitudes de manera asertiva, respetuosa y constructiva:

A. Ser Claro y Directo

La manera más efectiva de decir "no" es hacerlo con claridad y sin rodeos. Es importante evitar ambigüedades como "quizás", "lo pensaré" o "podría ser", ya que esto deja abierta la posibilidad y puede crear confusión. Un "no" firme, pero respetuoso, establece límites claros y muestra que el tiempo es valioso.

- Ejemplo: "Gracias por pensar en mí para esto, pero en este momento no puedo asumir más compromisos."

B. Ofrecer una Explicación Breve (Si Es Necesario)

En algunos casos, puede ser útil ofrecer una breve explicación de por qué no se puede aceptar la solicitud, pero sin entrar en demasiados detalles. Esto ayuda a que la otra persona entienda el motivo detrás del rechazo sin necesidad de justificaciones largas.

- Ejemplo: "No puedo asistir a esa reunión porque ya tengo otros compromisos importantes que requieren mi atención."

Sin embargo, es importante no caer en la trampa de sentir que siempre se necesita justificar el "no". Una explicación breve es suficiente, y muchas veces un simple "no" es todo lo que se necesita.

C. Proponer Alternativas (Si Es Apropiado)

En algunos casos, si el ejecutivo no puede cumplir con la solicitud, pero quiere mantener una relación positiva, ofrecer una solución alternativa puede ser útil. Esto puede significar recomendar a otra persona, cambiar el enfoque de la tarea o sugerir un plazo posterior.

- Ejemplo: "No puedo asumir este proyecto en este momento, pero me gustaría recomendar a [nombre de un colega] que puede ser una buena opción para ayudar."

Esta estrategia muestra que, aunque no puedes ayudar directamente, estás comprometido con encontrar una solución, lo que puede fortalecer las relaciones profesionales.

D. Decir "No" a la Tarea, No a la Persona

A menudo, el miedo a decir "no" surge del temor de dañar relaciones personales o profesionales. Una manera de suavizar el rechazo es dejar claro que el "no" se refiere a la tarea, no a la persona que hace la solicitud.

- Ejemplo: "Me encantaría ayudarte en otro momento, pero ahora no tengo la capacidad para hacerlo de manera efectiva."

Esto enfatiza que el rechazo no es un desinterés o una falta de apoyo hacia la persona, sino una limitación de tiempo o recursos en ese momento.

E. Usar el "No" Diferido

Cuando no estás seguro de si realmente puedes asumir una tarea, o cuando necesitas más tiempo para evaluar tu carga de trabajo, puedes optar por el "no" diferido. Este enfoque te permite evaluar antes de comprometerte, asegurando que no te sobrecargarás innecesariamente.

- Ejemplo: "Déjame revisar mi calendario y ver si puedo encontrar un espacio para esto. Te responderé pronto."

Esta respuesta muestra consideración, pero al mismo tiempo mantiene tus opciones abiertas sin comprometerte prematuramente.

F. Mantener la Asertividad

Es fundamental ser asertivo, lo que significa ser firme pero respetuoso en tu negativa. La asertividad implica proteger tus propios intereses sin necesidad de ser agresivo ni pasivo. Es decir, ser consciente de tus propios límites y necesidades mientras respetas los de los demás.

- Ejemplo: "Sé que esto es importante para ti, pero en este momento no puedo comprometerme. Espero que puedas entender."

Este tipo de lenguaje ayuda a mantener el respeto y la profesionalidad, pero al mismo tiempo establece un límite claro.

3. Errores Comunes al Decir "No"

Aunque decir "no" puede parecer sencillo en teoría, es común cometer ciertos errores al hacerlo, que pueden generar más problemas que soluciones. Aquí algunos de los errores más frecuentes y cómo evitarlos:

- **Excesiva disculpa o justificación:** Es natural querer suavizar el golpe cuando se rechaza una solicitud, pero disculparse en exceso o justificar en detalle puede debilitar el mensaje y dar la impresión de inseguridad. Un "no" firme pero amable es suficiente.

- **Decir "sí" por culpa o presión:** Muchas veces, el miedo a defraudar a otros nos lleva a aceptar tareas que no podemos asumir. Es importante recordar que la eficiencia y el éxito personal también dependen de saber cuándo rechazar.

- **Ser evasivo:** A veces, la evasión de un "no" directo puede generar confusión o resentimiento, ya que la otra persona podría no comprender completamente si la tarea será atendida o no. Es mejor ser claro desde el principio.

4. Beneficios de Decir "No" de Manera Efectiva

Saber decir "no" tiene numerosos beneficios para el ejecutivo eficiente:

- **Mejora el enfoque:** Al rechazar tareas que no son prioritarias, se libera tiempo y energía para dedicar a las actividades más importantes.

- **Reduce el estrés:** Al no asumir responsabilidades innecesarias, se evita la sobrecarga de trabajo, lo que contribuye a un mejor equilibrio entre la vida laboral y personal.

- **Aumenta la productividad:** Decir "no" a distracciones y tareas de bajo valor permite que los ejecutivos se concentren en actividades que realmente agregan valor.

- **Fortalece las relaciones:** Ser claro y honesto en las negativas, en lugar de asumir compromisos que luego no se pueden cumplir, refuerza la confianza y la transparencia en las relaciones profesionales.

Delegar tareas de forma inteligente

Delegar tareas es una de las habilidades más importantes para cualquier ejecutivo que busque ser eficiente y productivo. La delegación efectiva permite distribuir la carga de trabajo, aprovechar el talento y las habilidades del equipo, y centrarse en tareas de mayor impacto estratégico. Sin embargo, delegar no es simplemente asignar trabajo a otras personas; es un proceso que requiere planificación, confianza y una correcta supervisión. A continuación, se exploran los principios clave para delegar tareas de manera inteligente.

1. Entender la Importancia de Delegar

En muchos casos, los ejecutivos se ven atrapados en tareas operativas o administrativas que podrían delegarse fácilmente a otros miembros del equipo. Esto limita su capacidad para enfocarse en las decisiones estratégicas que verdaderamente marcan la diferencia. Delegar no solo libera tiempo, sino que también fomenta el desarrollo de las habilidades de los colaboradores y contribuye a una mayor eficiencia organizacional.

Beneficios de una delegación efectiva:

- **Optimización del tiempo:** Al transferir tareas que no requieren la atención directa del ejecutivo, este puede concentrarse en actividades que generan más valor.

- **Desarrollo del equipo:** La delegación adecuada permite que los empleados desarrollen nuevas habilidades y asuman más responsabilidades, lo que aumenta su compromiso y confianza.

- **Mejora de la eficiencia organizativa:** Asignar las tareas correctas a las personas adecuadas asegura que el trabajo sea completado de manera más eficiente y con un mayor nivel de calidad.

2. Cuándo Delegar

Una de las claves para delegar de forma inteligente es saber cuándo es necesario hacerlo. No todas las tareas deben ser delegadas, y el ejecutivo debe identificar aquellas actividades que realmente pueden ser realizadas por otros, sin comprometer los resultados.

A. Tareas Repetitivas u Operativas

Las tareas operativas, como la gestión de correos electrónicos, la organización de reuniones o la creación de informes rutinarios, suelen ser ideales para delegar. Estas actividades suelen consumir mucho tiempo pero no requieren la intervención directa del ejecutivo.

- Ejemplo: Delegar la preparación de un informe semanal a un asistente o a un miembro del equipo capacitado para recopilar y presentar los datos necesarios.

B. Actividades que No Aprovechan las Habilidades Clave del Ejecutivo

Si una tarea no requiere el conocimiento especializado, la visión estratégica o las habilidades de liderazgo del ejecutivo, es probable que pueda ser delegada. Esto permite que el ejecutivo se concentre en actividades donde realmente agrega valor.

- Ejemplo: Un ejecutivo de alto nivel puede delegar la coordinación de eventos menores a un coordinador o asistente, mientras se enfoca en desarrollar la estrategia para un nuevo proyecto.

C. Proyectos o Tareas de Desarrollo para los Colaboradores

Delegar no solo alivia la carga de trabajo del ejecutivo, sino que también es una excelente oportunidad para desarrollar el talento dentro del equipo. Identificar tareas que puedan ayudar a los empleados a adquirir nuevas competencias o mejorar su desempeño es clave para fomentar un equipo más robusto.

- Ejemplo: Asignar la dirección de un proyecto a un empleado que ha mostrado interés en avanzar en su carrera dentro de la empresa.

D. Cuando el Tiempo Es Limitado

Si el ejecutivo está sobrecargado de trabajo o enfrenta plazos ajustados, delegar tareas que pueden ser gestionadas por otros es una forma de asegurarse de que todo se cumpla sin sacrificar la calidad.

3. Qué Tareas No Delegar

Así como es importante saber qué delegar, también es crucial entender qué tareas no deben ser delegadas. Algunas responsabilidades son críticas y deben ser manejadas directamente por el ejecutivo.

A. Decisiones Estratégicas

Las decisiones que tienen un impacto significativo en la dirección o en el éxito de la empresa no deben ser delegadas. Los ejecutivos deben estar al mando de las decisiones clave que definen la estrategia y el crecimiento del negocio.

- Ejemplo: Tomar decisiones sobre fusiones, adquisiciones o cambios importantes en la estructura organizacional.

B. Evaluaciones de Desempeño

Si bien se puede delegar la recopilación de información sobre el desempeño del equipo, las evaluaciones formales o la retroalimentación deben ser dadas directamente por el ejecutivo, ya que estas actividades afectan la motivación y la moral del equipo.

C. Problemas Críticos de Clientes o Socios Estratégicos

Los problemas importantes que involucran a los principales clientes o socios comerciales de la empresa deben ser gestionados directamente por el ejecutivo, ya que cualquier mala gestión podría tener consecuencias graves para las relaciones comerciales.

4. Cómo Delegar de Forma Inteligente

Una vez que se ha decidido qué delegar, el siguiente paso es hacerlo de manera efectiva. Delegar de manera inteligente no consiste simplemente en entregar una tarea, sino en asegurar que el trabajo se complete con éxito. A continuación se detallan los pasos esenciales para una delegación efectiva:

A. Elegir a la Persona Adecuada

Asignar la tarea a la persona correcta es fundamental para una delegación exitosa. Es importante conocer las habilidades, fortalezas y debilidades de los empleados, y asignar tareas que correspondan a sus competencias.

- Ejemplo: Si la tarea requiere habilidades analíticas, se debe asignar a un empleado que tenga experiencia y capacidades en análisis de datos.

B. Definir Claramente las Expectativas

Es crucial establecer desde el principio qué se espera en términos de resultados, plazos y estándares de calidad. Cuanto más claras sean las expectativas, más probable es que la tarea se realice de manera eficiente y correcta.

- Ejemplo: Al delegar la preparación de un informe, especificar los datos que deben ser incluidos, el formato requerido y la fecha límite de entrega.

C. Proporcionar los Recursos Necesarios

Asegurarse de que la persona a quien se le delega la tarea tenga todos los recursos, información y apoyo necesarios para completar el trabajo es esencial. Esto incluye tanto herramientas físicas como acceso a información clave o la orientación de otros miembros del equipo.

- Ejemplo: Proporcionar acceso a software especializado o bases de datos necesarias para realizar la tarea correctamente.

D. Establecer Puntos de Control

Aunque delegar implica confiar en el equipo, es importante mantener un seguimiento regular del progreso, especialmente en tareas de mayor importancia. Establecer puntos de control permite verificar que el trabajo avanza según lo previsto y hacer ajustes si es necesario.

- Ejemplo: Fijar reuniones breves de seguimiento a mitad del proyecto para revisar avances y resolver posibles obstáculos.

E. Dar Autonomía

Una vez que se ha delegado una tarea, es importante dar a la persona el espacio para trabajar de manera autónoma. La microgestión puede socavar la confianza y la moral del equipo, mientras que una delegación bien gestionada promueve la responsabilidad y la autonomía.

- Ejemplo: Evitar supervisar cada detalle menor; en su lugar, confiar en el criterio del colaborador y ofrecer apoyo solo cuando sea necesario.

F. Proveer Retroalimentación

Después de que la tarea haya sido completada, es importante ofrecer retroalimentación sobre el trabajo realizado. Reconocer un trabajo bien hecho o señalar áreas de mejora ayuda a los empleados a desarrollarse y mejora el proceso de delegación en el futuro.

- Ejemplo: "Gracias por completar el proyecto en el tiempo estipulado. Me gustaría discutir algunos aspectos que podemos mejorar para la próxima vez."

5. Errores Comunes al Delegar y Cómo Evitarlos

Incluso los ejecutivos experimentados pueden cometer errores al delegar tareas. A continuación se detallan algunos de los errores más comunes y cómo evitarlos:

- **Micromanagement:** Controlar cada aspecto de la tarea delegada elimina el propósito de delegar, además de frustrar al equipo. Es importante evitar la tentación de supervisar cada paso y, en su lugar, confiar en la capacidad de la persona encargada.

- **Delegar sin brindar contexto suficiente:** Si bien es fundamental delegar tareas, también es importante proporcionar suficiente información sobre el propósito de la tarea y cómo encaja en el panorama general.

- **Delegar solo lo que no gusta hacer:** Los ejecutivos no deben delegar solo las tareas que consideran aburridas o difíciles. La delegación debe basarse en la eficiencia y el desarrollo del equipo, no en la preferencia personal.

6. Los Beneficios de Delegar de Forma Inteligente

La delegación eficaz tiene un impacto significativo en la productividad y el éxito tanto del ejecutivo como del equipo. Al distribuir las responsabilidades de manera adecuada:

- **El ejecutivo puede centrarse en tareas más estratégicas.**

- **Los empleados se sienten empoderados y tienen la oportunidad de desarrollarse.**

- **El equipo mejora su productividad general y cohesión.**

- **El negocio crece de manera más eficiente y ágil.**

Capítulo 2: Liderazgo efectivo

Principios de liderazgo basado en resultados

El liderazgo basado en resultados es un enfoque que centra sus esfuerzos y estrategias en la obtención de objetivos claros y medibles. A diferencia de otros estilos de liderazgo, este se enfoca en los resultados concretos que se esperan alcanzar, en lugar de los procesos o las actividades por sí mismos. Los líderes que adoptan este enfoque no solo son responsables de los recursos y las personas a su cargo, sino que también se aseguran de que las acciones tomadas se alineen con los objetivos estratégicos de la organización, promoviendo un alto rendimiento.

A continuación, se presentan los principios fundamentales del liderazgo basado en resultados.

1. Claridad de Objetivos

Un líder orientado a los resultados siempre tiene claridad en cuanto a los objetivos que desea alcanzar. Esto significa definir metas específicas, medibles, alcanzables, relevantes y con un plazo definido (metodología SMART). La claridad de objetivos es esencial para guiar al equipo y evitar malentendidos.

- **Objetivos SMART:** Un líder basado en resultados se asegura de que las metas sean:
    - **Específicas:** Claras y bien definidas.
    - **Medibles:** Con criterios para evaluar el progreso y el éxito.

- **Alcanzables:** Realistas y alcanzables dentro de las capacidades del equipo.
- **Relevantes:** Que se alineen con los objetivos estratégicos más amplios de la organización.
- **Con un plazo:** Con una fecha límite o plazo determinado.

Esta claridad no solo motiva al equipo, sino que les da una dirección firme hacia la que trabajar. Al establecer metas concretas, los líderes orientan mejor los esfuerzos colectivos, permitiendo que todos entiendan hacia dónde se dirigen.

2. Responsabilidad y Rendición de Cuentas

La responsabilidad es uno de los pilares fundamentales del liderazgo basado en resultados. Los líderes eficientes no solo son responsables de sus propias acciones, sino que también fomentan una cultura de rendición de cuentas en sus equipos. Cada miembro del equipo debe ser consciente de sus responsabilidades y de las consecuencias de sus acciones o inacciones.

- **Cultura de responsabilidad:** Un líder centrado en resultados promueve la responsabilidad personal, donde los empleados entienden su papel en la consecución de los objetivos y rinden cuentas por los resultados.

- **Delegación con rendición de cuentas:** Al delegar tareas, el líder debe asegurarse de que se establezcan expectativas claras y que los miembros del equipo comprendan que serán responsables de los resultados de su trabajo.

La rendición de cuentas ayuda a garantizar que todos en la organización se esfuercen por lograr los resultados deseados y tomen decisiones que favorezcan los objetivos comunes.

3. Medición y Evaluación Continua

Un principio central del liderazgo basado en resultados es la capacidad de medir y evaluar el progreso de manera continua. Para obtener resultados, es crucial contar con mecanismos que midan el avance hacia los objetivos de manera regular y con datos objetivos.

- **Indicadores clave de rendimiento (KPI):** Los líderes orientados a resultados establecen KPIs para evaluar el progreso y el rendimiento de manera cuantificable. Estos indicadores deben estar directamente relacionados con los objetivos clave de la organización.

- **Evaluación periódica:** El seguimiento continuo permite realizar ajustes necesarios en el camino hacia la meta. La evaluación regular del desempeño del equipo asegura que se estén utilizando los recursos de manera eficiente y que se estén cumpliendo los plazos y estándares de calidad.

La medición no solo proporciona una visión clara de dónde se está en el proceso, sino que también permite identificar problemas o áreas de mejora antes de que afecten significativamente el resultado.

4. Enfoque en el Alto Desempeño

El liderazgo basado en resultados no se conforma con el promedio. Los líderes que adoptan este estilo impulsan a sus equipos hacia el alto desempeño y fomentan una cultura donde la excelencia es el estándar, no la excepción.

- **Fomentar una mentalidad de mejora continua:** Un líder basado en resultados promueve una cultura de mejora constante, donde el equipo busca optimizar procesos, aumentar la eficiencia y lograr más con los recursos disponibles.

- **Desarrollo de talento:** Para asegurar un alto rendimiento, el líder debe identificar y desarrollar el talento en su equipo, ofreciendo oportunidades de crecimiento, formación y capacitación que les permitan alcanzar su máximo potencial.

Un enfoque en el alto desempeño ayuda a que el equipo supere las expectativas y busque maneras innovadoras de alcanzar sus objetivos, maximizando los resultados.

5. Flexibilidad y Adaptación

Si bien los resultados son el objetivo final, los líderes basados en resultados deben ser lo suficientemente flexibles para adaptarse a los cambios y a los desafíos inesperados. En un entorno empresarial dinámico, los imprevistos son inevitables, y el líder debe ser capaz de ajustar las estrategias sin perder de vista los objetivos clave.

- **Adaptación a cambios:** Los líderes orientados a resultados no se aferran a un único plan, sino que adaptan sus enfoques según las circunstancias cambiantes del entorno.

- **Resolución rápida de problemas:** Cuando surgen obstáculos, el líder basado en resultados actúa rápidamente para encontrar soluciones que mantengan al equipo en el camino hacia los objetivos.

Esta capacidad de adaptación es vital para mantener la eficacia del equipo, especialmente en situaciones de incertidumbre o cuando surgen nuevos desafíos.

6. Comunicación Clara y Transparente

La comunicación es fundamental en el liderazgo basado en resultados. Los líderes deben asegurarse de que todo el equipo esté alineado con los objetivos, comprenda claramente las expectativas y reciba retroalimentación constante sobre su desempeño.

- **Comunicación constante:** La comunicación regular entre el líder y el equipo es crucial para mantener a todos en la misma página y alineados con los resultados que se buscan.

- **Transparencia:** Un líder orientado a resultados es honesto sobre los desafíos, obstáculos o problemas que puedan surgir, lo que fomenta un ambiente de confianza y cooperación.

La transparencia y una comunicación efectiva ayudan a identificar problemas antes de que se conviertan en crisis, y aseguran que todos estén trabajando hacia los mismos objetivos.

7. Enfoque en Soluciones

Los líderes orientados a resultados son solucionadores de problemas por naturaleza. Cuando se enfrentan a obstáculos o contratiempos, su enfoque está en cómo resolver el problema de manera eficiente y avanzar hacia la meta.

- **Mentalidad orientada a soluciones:** En lugar de enfocarse en las dificultades, los líderes de este estilo impulsan al equipo a buscar alternativas, eliminar obstáculos y seguir avanzando hacia los resultados esperados.

- **Creatividad en la resolución de problemas:** A menudo, alcanzar resultados requiere pensar de manera innovadora. Un líder basado en resultados fomenta la creatividad dentro del equipo para encontrar nuevas formas de resolver problemas complejos.

Este enfoque positivo y proactivo permite que el equipo mantenga su impulso y motivación, incluso cuando enfrenta dificultades.

8. Empoderamiento del Equipo

Un líder basado en resultados entiende que no puede hacerlo todo por sí mismo. Por eso, confía en su equipo, delega responsabilidades y empodera a los colaboradores para tomar decisiones informadas que contribuyan a la obtención de resultados.

- **Delegación inteligente:** Los líderes eficaces delegan tareas estratégicas y operativas a los miembros del equipo más capacitados, brindándoles la confianza y la autonomía necesarias para cumplir sus objetivos.

- **Fomentar la toma de decisiones:** Un equipo empoderado es capaz de tomar decisiones rápidas e informadas, lo que reduce el tiempo perdido en burocracia y aumenta la agilidad.

Empoderar al equipo fomenta una mayor implicación y compromiso, lo que a su vez se traduce en mejores resultados colectivos.

9. Foco en el Valor Agregado

El liderazgo basado en resultados prioriza aquellas actividades que realmente agregan valor a la organización. Esto significa eliminar actividades que no contribuyan directamente a los objetivos y optimizar procesos para maximizar el impacto.

- **Análisis de valor:** Un líder basado en resultados analiza continuamente las actividades y procesos para identificar cuáles generan el mayor impacto y contribuyen más a la consecución de los objetivos estratégicos.

- **Eliminación de lo innecesario:** Elimina tareas que consumen tiempo pero no aportan valor tangible, para que el equipo se centre en lo que realmente importa.

Al concentrarse en el valor agregado, los líderes aseguran que los esfuerzos de su equipo se destinen a actividades de alto impacto, aumentando así la eficiencia general.

10. Reconocimiento y Celebración del Éxito

Finalmente, un buen líder basado en resultados reconoce y celebra los logros del equipo. Valorar y reconocer el esfuerzo y los éxitos no solo motiva al equipo, sino que también refuerza los comportamientos y actitudes que conducen a la obtención de resultados.

- **Celebrar los hitos:** Un líder efectivo reconoce los éxitos en el camino hacia los resultados finales, lo que mantiene alta la moral y refuerza el compromiso del equipo.

- **Retroalimentación constructiva:** Ofrecer retroalimentación positiva cuando se logra un buen desempeño, pero también proporcionar críticas constructivas cuando hay espacio para mejorar.

Celebrar los logros del equipo fomenta una cultura de alto rendimiento, donde los empleados se sienten valorados y motivados para seguir alcanzando resultados sobresalientes.

Comunicación clara y persuasiva

La habilidad de comunicarse de manera clara y persuasiva es una de las competencias más cruciales para cualquier ejecutivo eficiente. Una comunicación efectiva no solo facilita la transmisión de información, sino que también inspira, influye y moviliza a las personas hacia la acción. En el entorno empresarial, la capacidad de articular ideas, objetivos y expectativas de manera concisa y convincente puede marcar la diferencia entre el éxito y el fracaso.

A continuación, exploraremos los principios clave de la comunicación clara y persuasiva y cómo los ejecutivos pueden aplicarlos para mejorar su liderazgo.

1. Claridad y Simplicidad

Una comunicación clara es aquella que no deja lugar a la confusión. Los ejecutivos eficientes deben aprender a despojar su mensaje de la complejidad innecesaria, evitando tecnicismos o jergas que puedan alienar a su audiencia. Esto significa transmitir el mensaje de manera directa y comprensible, asegurándose de que la audiencia capte la esencia de la información sin necesidad de interpretaciones adicionales.

- **Lenguaje sencillo:** Utilizar un lenguaje claro y directo que pueda ser entendido por todos, independientemente del nivel de conocimiento técnico.

- **Elimina la ambigüedad:** Evita la vaguedad o los dobles significados. Un mensaje debe ser lo suficientemente preciso para que los destinatarios comprendan exactamente lo que se espera de ellos.

- **Uso de ejemplos y metáforas:** A veces, utilizar ejemplos o metáforas puede ayudar a ilustrar conceptos complejos y hacer que el mensaje sea más accesible.

Un ejecutivo eficiente que domina la simplicidad en la comunicación ahorra tiempo y esfuerzo, garantizando que los mensajes sean recibidos y entendidos rápidamente.

2. Escucha Activa

La comunicación eficaz no es solo unidireccional. Un buen comunicador también es un buen oyente. La escucha activa implica prestar atención plena a la otra persona, entendiendo no solo sus palabras, sino también las emociones y el contexto detrás de ellas.

- **Muestra interés genuino:** Los ejecutivos eficientes hacen preguntas abiertas, dan tiempo para que las personas respondan y muestran empatía en sus respuestas.

- **Parafrasear y aclarar:** Repetir o resumir lo que la otra persona ha dicho para asegurarse de que ambos estén en la misma página.

- **Eliminar distracciones:** Evitar distracciones externas, como revisar el teléfono o pensar en la próxima tarea, mientras se está en una conversación.

Cuando los líderes practican la escucha activa, no solo mejoran la calidad de la comunicación, sino que también construyen relaciones más sólidas basadas en la confianza y el respeto mutuo.

3. Ajustar el Mensaje a la Audiencia

Uno de los aspectos más importantes de la comunicación persuasiva es la capacidad de adaptar el mensaje según la audiencia. Los ejecutivos eficientes saben que no todos los receptores del mensaje son iguales, y que la forma en que se comunica una idea a los empleados puede ser diferente de cómo se presenta ante la junta directiva o los clientes.

- **Conoce a tu audiencia:** Antes de comunicar un mensaje, es vital entender quién lo recibirá. Esto incluye comprender sus intereses, preocupaciones, nivel de conocimiento y expectativas.

- **Personaliza el contenido:** Ajusta el tono, el nivel de detalle y el enfoque del mensaje según las necesidades de la audiencia. Un mensaje técnico puede requerir una explicación más simplificada para los no expertos, mientras que un análisis detallado puede ser necesario para los más conocedores.

- **Identifica las motivaciones de la audiencia:** Un mensaje persuasivo se conecta con las necesidades o motivaciones de la audiencia. Los líderes efectivos ajustan su comunicación para resonar con las preocupaciones o deseos de los oyentes, aumentando la probabilidad de influir en su comportamiento.

La personalización del mensaje asegura que la audiencia no solo comprenda, sino que también se sienta conectada emocionalmente con lo que se está diciendo.

4. Estructura del Mensaje

La forma en que se organiza un mensaje tiene un impacto considerable en su efectividad. Un mensaje mal estructurado puede confundir a la audiencia o diluir la persuasión, mientras que uno bien organizado facilita la comprensión y el compromiso.

- **Inicio claro y directo:** Comienza el mensaje con un punto clave o propósito claro. La audiencia debe saber de inmediato qué esperar del mensaje.

- **Desarrollo lógico:** Presenta los puntos de apoyo en un orden lógico y fácil de seguir. Cada idea debe conectar con la siguiente para construir un argumento coherente.

- **Conclusión convincente:** Termina con una conclusión clara que refuerce el propósito inicial y sugiera los próximos pasos o acciones necesarias.

Un mensaje bien estructurado ayuda a la audiencia a seguir el hilo de la conversación y entender mejor los puntos clave, facilitando la retención de la información.

5. Uso Eficaz de la Persuasión

La comunicación persuasiva no solo implica transmitir información, sino también influir en la forma en que la audiencia percibe esa información y, en última instancia, en su toma de decisiones. Para persuadir de manera efectiva, los ejecutivos eficientes emplean ciertas estrategias y principios clave.

- **Autoridad:** Establecer credibilidad y demostrar un conocimiento sólido sobre el tema. Cuanto más confiable y experto parezcas, más fácil será persuadir a otros.

- **Evidencia y datos:** Utilizar hechos, estadísticas y ejemplos concretos para respaldar los argumentos. La evidencia sólida hace que un mensaje sea más difícil de refutar y más persuasivo.

- **Apelar a la emoción:** La persuasión no se trata solo de hechos; también implica conectar emocionalmente con la audiencia. Las historias, ejemplos personales o un tono que despierte emociones (ya sea inspiración, preocupación o urgencia) pueden influir significativamente en las decisiones de las personas.

- **Consistencia:** Mantener un mensaje coherente a lo largo del tiempo refuerza la confianza y aumenta la persuasión. Si un ejecutivo cambia de postura con frecuencia, puede perder credibilidad.

Al aplicar estas tácticas, los líderes logran influir de manera más efectiva en sus equipos, clientes y colegas, guiándolos hacia la acción deseada.

6. Lenguaje Corporal y Tono de Voz

La comunicación no verbal es tan importante como las palabras que se dicen. El lenguaje corporal, las expresiones faciales y el tono de voz pueden reforzar o contradecir el mensaje. Los ejecutivos eficientes dominan estas señales para asegurar que su mensaje sea coherente en todos los niveles.

- **Postura abierta y segura:** Mantener una postura que proyecte confianza y apertura puede hacer que el mensaje sea más convincente.

- **Contacto visual:** Establecer contacto visual durante la conversación muestra interés y compromiso, lo que aumenta la conexión con la audiencia.

- **Tono adecuado:** El tono de voz debe coincidir con el mensaje. Un tono seguro y enérgico puede inspirar acción, mientras que un tono suave y calmado puede transmitir empatía o comprensión.

El uso adecuado del lenguaje corporal y el tono de voz puede hacer que un mensaje sea mucho más convincente, ya que estos elementos no verbales influyen en la forma en que la audiencia percibe la información.

7. Feedback y Aceptación de Críticas

Una buena comunicación no termina cuando se ha transmitido el mensaje. Los líderes eficientes entienden la importancia de recibir feedback y están abiertos a la crítica constructiva. Esto no solo mejora la comunicación, sino que también fortalece la relación entre el ejecutivo y su equipo o audiencia.

- **Invita a la retroalimentación:** Después de transmitir un mensaje, los líderes efectivos invitan a comentarios y preguntas, creando un ambiente de diálogo abierto.

- **Acepta las críticas:** Un líder que recibe críticas de manera constructiva y las utiliza para mejorar su comunicación futura demuestra madurez y disposición para el crecimiento.

- **Ajusta según el feedback:** Si el feedback indica que el mensaje no fue claro o no resonó con la audiencia, un buen comunicador ajusta su enfoque y estrategia para futuras interacciones.

Al aceptar y actuar sobre el feedback, los ejecutivos mejoran continuamente su habilidad para comunicarse de manera clara y persuasiva.

○ Motivar y guiar equipos hacia el éxito

El éxito en el mundo empresarial depende en gran medida de la capacidad de un líder para motivar y guiar a su equipo hacia la consecución de objetivos comunes. Un equipo motivado, bien dirigido y comprometido puede superar cualquier obstáculo, mientras que un equipo desmotivado y mal gestionado probablemente enfrentará dificultades. El rol del ejecutivo eficiente no es solo establecer una visión clara, sino también crear un entorno que impulse el desempeño óptimo de cada miembro del equipo.

A continuación, exploraremos los principios clave para motivar y guiar equipos hacia el éxito:

1. Definir una Visión Clara y Compartida

Un equipo no puede alcanzar el éxito si no tiene una visión clara de hacia dónde se dirige. La capacidad de un líder para articular esta visión de manera inspiradora es fundamental para motivar a los empleados a alinear sus esfuerzos con los objetivos de la organización.

- **Establece metas claras:** Define objetivos SMART (específicos, medibles, alcanzables, relevantes y temporales) que los miembros del equipo puedan comprender y hacia los que puedan trabajar.

- **Comunica la misión y el propósito:** Más allá de los objetivos individuales, es importante que los equipos comprendan la misión general de la organización. Conocer el "por qué" detrás del trabajo les da un sentido de propósito, lo que aumenta su motivación.

- **Alinea los valores:** Asegúrate de que la visión del equipo y de la organización esté alineada con los valores personales y profesionales de sus miembros. Cuando las personas sienten que su trabajo tiene significado, están más motivadas para dar lo mejor de sí mismas.

2. Crear un Ambiente de Confianza y Colaboración

La confianza es un ingrediente esencial para cualquier equipo de alto rendimiento. Un ambiente en el que los miembros del equipo confían unos en otros, y en su líder, es un entorno donde las personas se sienten seguras para expresar ideas, asumir riesgos y colaborar de manera efectiva.

- **Fomenta la transparencia:** La comunicación abierta y honesta es clave para construir confianza. Los ejecutivos deben compartir información relevante, tanto los éxitos como los desafíos, con el equipo.

- **Promueve la colaboración:** Crea una cultura donde la cooperación entre colegas se vea como un valor. Los equipos que trabajan juntos de manera sinérgica son más eficientes y capaces de resolver problemas.

- **Reconoce los esfuerzos individuales y colectivos:** Reconocer los logros, tanto pequeños como grandes, es crucial para mantener altos niveles de motivación. Un simple reconocimiento verbal, una mención en una reunión, o un agradecimiento escrito pueden tener un impacto positivo en la moral del equipo.

3. Fomentar el Crecimiento Personal y Profesional

Los equipos exitosos están compuestos por individuos que sienten que están creciendo y desarrollándose en sus roles. Un ejecutivo eficiente motiva a su equipo brindándoles oportunidades para mejorar y expandir sus habilidades.

- **Desarrollo de habilidades:** Proporciona a los empleados oportunidades para mejorar sus competencias, ya sea a través de programas de formación, tutorías o proyectos desafiantes que les permitan aprender algo nuevo.

- **Planes de carrera claros:** Colabora con los empleados para diseñar planes de carrera personalizados. Cuando los miembros del equipo ven un futuro en la organización, están más motivados para trabajar con esfuerzo y dedicación.

- **Proporciona feedback constructivo:** El feedback regular es fundamental para el crecimiento. Los ejecutivos eficientes ofrecen retroalimentación tanto positiva como constructiva, ayudando a los empleados a mejorar continuamente.

4. Empoderar a los Miembros del Equipo

El empoderamiento significa dar a los miembros del equipo la autoridad y responsabilidad para tomar decisiones dentro de sus áreas de competencia. Esto no solo les motiva al sentir que tienen control sobre su trabajo, sino que también libera a los líderes de tareas menores, permitiéndoles enfocarse en la estrategia general.

- **Delegación efectiva:** Delegar no solo implica asignar tareas, sino también otorgar la responsabilidad y autoridad necesaria para ejecutarlas. Confía en las capacidades de tu equipo y dales espacio para tomar decisiones y aprender de ellas.

- **Fomentar la autonomía:** Los empleados que tienen un mayor control sobre cómo realizar sus tareas tienden a estar más motivados. Dales la libertad para gestionar su tiempo y métodos, mientras los mantienes responsables de los resultados.

- **Apoyo y guía:** El empoderamiento no significa dejar al equipo a su suerte. Un líder efectivo brinda apoyo continuo, ofreciendo orientación cuando es necesario y estando disponible para ayudar a superar obstáculos.

5. Crear una Cultura de Responsabilidad

Los equipos exitosos no solo están motivados por recompensas o reconocimiento, sino también por la responsabilidad compartida hacia el éxito de la organización. Un líder eficiente establece una cultura en la que cada miembro del equipo se sienta responsable de sus contribuciones y esté comprometido con el rendimiento general del equipo.

- **Claridad en las expectativas:** Asegúrate de que cada miembro del equipo entienda claramente lo que se espera de ellos en términos de desempeño y resultados. La ambigüedad puede llevar a la falta de responsabilidad.

- **Seguimiento y evaluación:** Implementa mecanismos de seguimiento regulares para evaluar el progreso del equipo y de los individuos. Esto no solo ayuda a mantener el enfoque en los objetivos, sino que también permite corregir el rumbo cuando sea necesario.

- **Promueve la autoevaluación:** Anima a los empleados a reflexionar sobre su propio rendimiento y a identificar áreas de mejora. Los equipos que se autoevalúan con regularidad suelen ser más proactivos y eficaces.

6. Motivación Intrínseca y Extrínseca

Los ejecutivos eficientes comprenden que la motivación puede provenir de factores internos y externos. Saber cómo equilibrar la motivación intrínseca (la satisfacción personal que se obtiene del trabajo) con la extrínseca (recompensas externas como bonificaciones o promociones) es clave para maximizar el rendimiento del equipo.

- **Motivación intrínseca:** Fomenta la pasión por el trabajo permitiendo que los empleados asuman proyectos que les interesen o que desafíen sus habilidades. También es importante proporcionar un entorno en el que las personas sientan que están marcando una diferencia.

- **Motivación extrínseca:** Recompensas tangibles como aumentos salariales, incentivos, o promociones pueden motivar a los empleados a alcanzar metas concretas. Sin embargo, deben ser equilibradas con la satisfacción intrínseca para evitar que el equipo se centre solo en los incentivos externos.

7. Liderar con el Ejemplo

El liderazgo ejemplar es una de las formas más poderosas de motivar a un equipo. Los miembros del equipo tienden a seguir el ejemplo que ven en sus líderes, por lo que es esencial que los ejecutivos muestren los mismos niveles de compromiso, ética de trabajo y dedicación que esperan de su equipo.

- **Coherencia entre palabras y acciones:** Un líder que actúa de acuerdo con lo que predica inspira respeto y confianza. La incoherencia entre lo que un líder dice y hace puede dañar gravemente la motivación del equipo.

- **Demostrar pasión y compromiso:** Un líder que demuestra entusiasmo y dedicación por el trabajo infunde la misma energía en su equipo. Si los miembros ven que su líder está completamente comprometido con el éxito del equipo, estarán más inclinados a hacer lo mismo.

Capítulo 3: Toma de decisiones estratégicas

○ Cómo tomar decisiones informadas rápidamente

En el entorno empresarial actual, la velocidad y la precisión en la toma de decisiones son fundamentales para mantener la competitividad y responder a un mercado en constante cambio. Un ejecutivo eficiente no solo debe ser capaz de tomar decisiones rápidas, sino también asegurarse de que estas decisiones estén basadas en información sólida y relevante. Aquí se presentan estrategias y enfoques para facilitar la toma de decisiones informadas de manera rápida y efectiva.

1. Definir el Problema Claramente

Antes de tomar una decisión, es crucial tener una comprensión clara del problema o la situación que se enfrenta. Definir el problema de manera precisa ayuda a evitar confusiones y a enfocar los esfuerzos en la búsqueda de soluciones adecuadas.

- **Formula preguntas clave:** Pregúntate: ¿Cuál es la naturaleza del problema? ¿Qué lo está causando? ¿Cuáles son las implicaciones de no tomar una decisión?

- **Escribe el problema:** Poner el problema por escrito puede proporcionar claridad y asegurar que todos los involucrados tengan una comprensión común.

2. Recopilar Información Relevante

La calidad de la decisión depende en gran medida de la información disponible. Sin embargo, en un mundo donde el tiempo es limitado, es vital saber qué datos son realmente necesarios para tomar una decisión informada.

- **Identifica fuentes confiables:** Busca información de fuentes que sean acreditadas y relevantes para la situación. Esto puede incluir informes internos, análisis de mercado, y datos de clientes.

- **No te ahogues en datos:** Limita la recopilación de información a lo esencial. Enfócate en los datos más relevantes y significativos que impacten directamente en la decisión.

- **Utiliza tecnología:** Herramientas de análisis de datos y software de visualización pueden ayudar a procesar rápidamente grandes volúmenes de información y extraer conclusiones clave.

3. Evaluar Opciones Rápidamente

Una vez que se ha definido el problema y se ha recopilado la información necesaria, es hora de evaluar las posibles soluciones. Este proceso debe ser ágil, pero también debe asegurarse de que todas las opciones se consideren adecuadamente.

- **Genera alternativas:** Usa técnicas de lluvia de ideas para generar rápidamente diferentes soluciones. No te limites a la primera opción que venga a la mente.

- **Crea una lista de pros y contras:** Para cada opción, haz una lista de los beneficios y desventajas. Esto puede ayudar a visualizar qué solución tiene más potencial.

- **Considera el impacto a corto y largo plazo:** Evalúa cómo cada opción puede afectar tanto a la situación inmediata como a los objetivos a largo plazo de la organización.

4. Usar Métodos de Toma de Decisiones

Existen varios métodos que pueden facilitar la toma de decisiones, permitiendo una evaluación más rápida y sistemática de las opciones disponibles.

- **Matriz de decisión:** Este método implica listar las opciones y criterios relevantes, y luego asignar puntajes para ayudar a visualizar cuál opción es la más favorable.

- **Análisis de Pareto:** Utiliza el principio 80/20 para identificar las opciones que ofrecerán el mayor impacto o beneficio con el menor esfuerzo.

- **Modelo de decisiones ágil:** Implementa un enfoque iterativo donde se toman decisiones en ciclos cortos, permitiendo ajustes rápidos en función de los resultados.

5. Involucrar al Equipo

Aunque la toma de decisiones rápida es fundamental, es importante no perder de vista la colaboración. Involucrar al equipo puede aportar diferentes perspectivas y experiencias que enriquecerán el proceso.

- **Consulta a expertos internos:** Si hay miembros del equipo con experiencia o conocimiento en áreas relevantes, considera incluir sus opiniones en el proceso.

- **Fomenta la discusión:** Organiza breves reuniones o sesiones de trabajo para discutir opciones y permitir que el equipo aporte ideas. Esto no solo puede acelerar la toma de decisiones, sino también generar un sentido de pertenencia y compromiso.

6. Tomar la Decisión y Actuar

Una vez que se ha evaluado adecuadamente la información y se han considerado las opciones, es hora de tomar la decisión. La indecisión puede ser perjudicial, por lo que es esencial actuar con confianza.

- **Sé firme:** Toma la decisión con convicción y asume la responsabilidad. Un líder decidido transmite confianza a su equipo.

- **Comunica la decisión claramente:** Asegúrate de que todos los involucrados comprendan la decisión tomada y las razones detrás de ella. La transparencia es clave para evitar confusiones y asegurar el alineamiento.

7. Implementar y Monitorear

Después de tomar una decisión, la implementación efectiva es crucial. Además, el monitoreo de los resultados permite evaluar si la decisión fue acertada y realizar ajustes si es necesario.

- **Desarrolla un plan de acción:** Define los pasos necesarios para implementar la decisión y asigna responsabilidades a los miembros del equipo.

- **Monitorea el progreso:** Establece indicadores clave de rendimiento (KPI) para evaluar la efectividad de la decisión y hacer un seguimiento de los resultados.

- **Aprende de la experiencia:** Después de un tiempo, revisa la decisión y su impacto. ¿Se lograron los resultados esperados? ¿Qué se puede mejorar para futuras decisiones?

Uso de datos y análisis en la toma de decisiones

En la era de la información, el uso de datos y análisis en la toma de decisiones se ha convertido en una práctica esencial para los ejecutivos que buscan mantener la competitividad y fomentar el crecimiento en sus organizaciones. La capacidad de convertir datos en insights valiosos permite a los líderes empresariales tomar decisiones más informadas, minimizar riesgos y maximizar oportunidades. A continuación, se exploran las claves y técnicas para integrar efectivamente los datos y el análisis en el proceso de toma de decisiones.

1. Importancia de los Datos en la Toma de Decisiones

Los datos son una representación cuantitativa y cualitativa de la realidad que permiten a los ejecutivos entender mejor su entorno operativo. En un mundo empresarial donde las condiciones del mercado cambian rápidamente, contar con datos precisos y actualizados es fundamental.

- **Mejora la precisión:** El uso de datos permite a los ejecutivos evitar decisiones basadas en suposiciones o intuiciones, lo que aumenta la probabilidad de que las decisiones sean correctas.

- **Identificación de patrones:** El análisis de datos puede revelar tendencias y patrones que pueden no ser evidentes a simple vista, ayudando a anticipar cambios en el mercado o en el comportamiento del consumidor.

- **Reducción de riesgos:** Al basar decisiones en datos objetivos, las organizaciones pueden identificar y mitigar riesgos potenciales antes de que se conviertan en problemas serios.

2. Tipos de Datos Utilizados en la Toma de Decisiones

Para maximizar la efectividad en la toma de decisiones, es crucial identificar los tipos de datos que se pueden utilizar:

- **Datos cuantitativos:** Incluyen métricas numéricas como ventas, ingresos, costos, y otros indicadores de rendimiento. Estos datos permiten realizar análisis estadísticos y modelar escenarios futuros.

- **Datos cualitativos:** Comprenden información más subjetiva, como opiniones de clientes, feedback de empleados, y análisis de mercado. Estos datos son valiosos para entender contextos y motivaciones detrás de ciertos comportamientos.

- **Datos históricos:** Proporcionan un contexto para las decisiones actuales al mostrar cómo se han comportado las métricas en el pasado. Esto permite identificar tendencias a largo plazo y tomar decisiones basadas en el rendimiento anterior.

- **Datos en tiempo real:** Estos datos permiten una respuesta ágil a eventos y situaciones actuales, siendo fundamentales para la toma de decisiones rápida en entornos dinámicos.

3. Herramientas y Técnicas de Análisis de Datos

Para aprovechar los datos de manera efectiva, es importante contar con las herramientas y técnicas adecuadas. Algunas de las más relevantes incluyen:

- **Business Intelligence (BI):** Las herramientas de BI permiten recopilar, analizar y presentar datos de manera visual, facilitando la comprensión de la información y la identificación de patrones relevantes.

- **Análisis Predictivo:** Utiliza modelos estadísticos y algoritmos para prever futuros resultados basados en datos históricos. Esto ayuda a anticipar tendencias y hacer proyecciones informadas.

- **Data Mining:** Esta técnica busca descubrir patrones y relaciones ocultas en grandes conjuntos de datos, lo que puede conducir a insights inesperados que pueden ser utilizados para decisiones estratégicas.

- **Análisis de Cohortes:** Permite segmentar a los clientes o productos en grupos para analizar su comportamiento a lo largo del tiempo, ayudando a comprender cómo diferentes segmentos responden a cambios en la estrategia.

4. Establecimiento de Indicadores Clave de Rendimiento (KPI)

Los KPI son métricas utilizadas para medir el éxito en relación con los objetivos establecidos. Definir y monitorizar los KPI correctos es fundamental para una toma de decisiones informada.

- **Selecciona KPI relevantes:** Asegúrate de que los indicadores estén alineados con los objetivos estratégicos de la organización. Por ejemplo, si el objetivo es aumentar las ventas, los KPI relevantes pueden incluir el crecimiento de ventas mensuales o la tasa de conversión de leads.

- **Monitorea y ajusta:** Revisa regularmente los KPI para asegurarte de que sigan siendo relevantes. Los cambios en el entorno empresarial pueden requerir ajustes en los indicadores seleccionados.

5. Integración de Análisis en el Proceso de Toma de Decisiones

Para que el análisis de datos sea efectivo, debe estar integrado en el proceso de toma de decisiones en todos los niveles de la organización.

- **Fomentar una cultura basada en datos:** Promueve la utilización de datos en la toma de decisiones en todos los departamentos, no solo en los niveles ejecutivos. Esto implica capacitar a los empleados en el uso de herramientas de análisis y fomentar la curiosidad por los datos.

- **Colaboración interdepartamental:** Facilita la colaboración entre diferentes áreas, como marketing, ventas y finanzas, para compartir datos y análisis que enriquezcan el proceso de toma de decisiones.

- **Revisión de decisiones pasadas:** Realiza revisiones periódicas de decisiones anteriores para evaluar la efectividad de las mismas. Esto permite aprender de los resultados y ajustar las estrategias futuras.

6. Desafíos en el Uso de Datos y Análisis

A pesar de las ventajas del uso de datos, hay desafíos que los ejecutivos deben tener en cuenta:

- **Calidad de los datos:** La calidad de los datos puede variar, y datos inexactos o incompletos pueden llevar a decisiones erróneas. Es esencial contar con procesos para garantizar la calidad de la información.

- **Sobrecarga de información:** El exceso de datos puede resultar abrumador. Es importante filtrar la información y enfocarse en lo que realmente importa.

- **Resistencia al cambio:** La cultura organizacional puede resistirse a la adopción de un enfoque basado en datos. Es crucial educar a los empleados sobre los beneficios y la importancia de los datos en la toma de decisiones.

Gestión de riesgos y evaluación de oportunidades

En el mundo empresarial actual, donde la incertidumbre y la complejidad son constantes, la gestión de riesgos y la evaluación de oportunidades son fundamentales para el éxito y la sostenibilidad de una organización. Los ejecutivos eficientes deben ser capaces de identificar y mitigar los riesgos, al tiempo que reconocen y aprovechan las oportunidades que se presentan. A continuación, se detallan las estrategias y enfoques clave para integrar la gestión de riesgos y la evaluación de oportunidades en la toma de decisiones empresariales.

1. Importancia de la Gestión de Riesgos

La gestión de riesgos implica la identificación, evaluación y mitigación de factores que pueden amenazar el logro de los objetivos organizacionales. En un entorno empresarial volátil, gestionar los riesgos de manera efectiva es esencial para proteger los activos, la reputación y la continuidad de la organización.

- **Prevención de pérdidas:** Al identificar y mitigar riesgos, las organizaciones pueden evitar pérdidas financieras significativas y minimizar el impacto de eventos adversos.

- **Mejora de la toma de decisiones:** Una comprensión clara de los riesgos permite a los ejecutivos tomar decisiones más informadas y fundamentadas, lo que aumenta la probabilidad de éxito.

- **Fomento de la confianza:** Una sólida gestión de riesgos genera confianza entre los inversores, clientes y empleados, ya que demuestra que la organización está preparada para enfrentar desafíos.

2. Proceso de Gestión de Riesgos

La gestión de riesgos se puede dividir en varias etapas clave:

- **Identificación de riesgos:** Involucra la recopilación de información para identificar posibles riesgos que puedan afectar la organización. Esto puede incluir riesgos financieros, operativos, de mercado, legales y reputacionales.

- **Evaluación de riesgos:** Consiste en analizar la probabilidad de que ocurran ciertos eventos y el impacto que tendrían en la organización. Esta evaluación puede clasificarse en categorías como alto, medio y bajo, y debe priorizarse según su gravedad.

- **Desarrollo de estrategias de mitigación:** Una vez evaluados los riesgos, es crucial desarrollar estrategias para mitigarlos. Esto puede incluir la implementación de controles internos, seguros, diversificación de inversiones o planes de contingencia.

- **Monitoreo y revisión:** Los riesgos deben ser monitoreados continuamente, y las estrategias de mitigación deben revisarse y ajustarse según sea necesario. Esto asegura que la organización esté siempre preparada para adaptarse a un entorno cambiante.

3. Evaluación de Oportunidades

Junto con la gestión de riesgos, la evaluación de oportunidades es esencial para el crecimiento y la innovación. Identificar y capitalizar oportunidades puede proporcionar una ventaja competitiva significativa.

- **Análisis del entorno:** Examina tendencias del mercado, cambios en la tecnología, preferencias del consumidor y otros factores externos que puedan presentar oportunidades.

Utiliza herramientas de análisis como PESTEL (Político, Económico, Social, Tecnológico, Ecológico y Legal) para estructurar el análisis.

- **Evaluación de capacidades internas:** Evalúa las fortalezas y debilidades de la organización para determinar si tiene los recursos y capacidades necesarios para aprovechar las oportunidades identificadas.

- **Priorización de oportunidades:** No todas las oportunidades son iguales. Establece criterios claros para priorizar oportunidades en función de su potencial de impacto, alineación con los objetivos estratégicos y viabilidad de implementación.

4. Integración de Gestión de Riesgos y Oportunidades

Un enfoque equilibrado entre la gestión de riesgos y la evaluación de oportunidades es esencial. A menudo, las oportunidades vienen acompañadas de riesgos, y un ejecutivo eficiente debe ser capaz de sopesar ambos aspectos.

- **Análisis de costo-beneficio:** Antes de tomar decisiones, realiza un análisis de costo-beneficio que considere tanto los riesgos como las oportunidades. Esto permite evaluar si los beneficios potenciales superan los riesgos asociados.

- **Desarrollo de un marco de decisión:** Implementa un marco que considere la intersección entre riesgos y oportunidades. Esto ayuda a asegurar que las decisiones sean holísticas y consideren tanto el potencial de crecimiento como la exposición al riesgo.

- **Cultura organizacional:** Fomenta una cultura que valore la gestión proactiva de riesgos y la búsqueda de oportunidades. Esto puede incluir la capacitación del personal en técnicas de identificación y evaluación de riesgos y oportunidades, así como el reconocimiento de iniciativas exitosas.

5. Uso de Tecnología en la Gestión de Riesgos y Oportunidades

La tecnología juega un papel crucial en la gestión de riesgos y la evaluación de oportunidades. Las herramientas de análisis de datos, software de gestión de riesgos y plataformas de inteligencia empresarial pueden proporcionar insights valiosos.

- **Análisis predictivo:** Utiliza técnicas de análisis predictivo para anticipar riesgos y oportunidades basadas en patrones históricos. Esto permite a las organizaciones estar mejor preparadas para futuros desafíos y aprovechar oportunidades emergentes.

- **Monitoreo en tiempo real:** Implementa soluciones que permitan el monitoreo en tiempo real de indicadores clave de riesgo (KRI) y de rendimiento. Esto permite una respuesta ágil ante situaciones adversas o nuevas oportunidades.

- **Simulación de escenarios:** Emplea modelos de simulación para evaluar el impacto de diferentes decisiones y escenarios. Esto ayuda a los ejecutivos a visualizar los resultados potenciales y a tomar decisiones más informadas.

6. Evaluación y Aprendizaje Continuo

La gestión de riesgos y la evaluación de oportunidades no son procesos únicos, sino que deben ser parte de una estrategia continua. Evaluar la efectividad de las decisiones tomadas y aprender de la experiencia es fundamental.

- **Revisión de resultados:** Realiza revisiones periódicas de las decisiones tomadas para evaluar su efectividad en la gestión de riesgos y la capitalización de oportunidades.

Esto permite identificar lecciones aprendidas y áreas de mejora.

- **Adaptabilidad:** Esté preparado para ajustar las estrategias en función de los cambios en el entorno empresarial y en la organización. La flexibilidad es clave para enfrentar la incertidumbre.

- **Fomento de la innovación:** Anima a los equipos a proponer nuevas ideas y enfoques para gestionar riesgos y evaluar oportunidades. Esto puede conducir a la identificación de nuevas oportunidades y a la mejora de los procesos existentes.

Capítulo 4: Optimización de reuniones

○ Cómo estructurar reuniones productivas

Las reuniones son una parte fundamental de la comunicación y la colaboración en el entorno empresarial. Sin embargo, muchas veces pueden convertirse en un desperdicio de tiempo y recursos si no se estructuran adecuadamente. Para que una reunión sea productiva, es esencial planificar y ejecutar cada etapa con atención. A continuación, se presentan las estrategias clave para estructurar reuniones efectivas y maximizar su valor.

1. Definir el Propósito de la Reunión

Antes de convocar una reunión, es fundamental definir claramente su propósito. Esto ayudará a determinar quién debe asistir y qué temas se deben discutir.

- **Establecer objetivos claros:** Pregúntate qué deseas lograr con la reunión. ¿Se trata de tomar decisiones, resolver problemas, informar sobre avances o generar ideas?

- **Redactar un enunciado de propósito:** Crea un enunciado conciso que describa el objetivo de la reunión. Esto servirá como guía durante la misma y ayudará a mantener el enfoque.

2. Seleccionar a los Participantes Adecuados

No todas las reuniones requieren la participación de todo el equipo. Seleccionar a las personas adecuadas es clave para asegurar que la reunión sea productiva.

- **Invitar a los relevantes:** Incluye a aquellos que tengan la autoridad, la información o la experiencia necesaria para contribuir a los objetivos de la reunión.

- **Limitar la asistencia:** Mantén el número de participantes manejable. Las reuniones más pequeñas suelen ser más efectivas, ya que facilitan la comunicación y la toma de decisiones.

3. Crear una Agenda Clara y Detallada

Una agenda bien estructurada es esencial para mantener la reunión enfocada y productiva.

- **Incluir puntos específicos:** Detalla los temas a tratar, el tiempo asignado para cada uno y quién liderará cada discusión. Esto ayuda a los participantes a prepararse adecuadamente.

- **Compartir la agenda con anticipación:** Envía la agenda a todos los participantes con suficiente antelación para que tengan tiempo de revisarla y prepararse. Esto asegura que todos estén alineados y listos para contribuir.

4. Establecer Normas de Participación

Establecer normas claras para la participación puede ayudar a fomentar un ambiente colaborativo y respetuoso.

- **Promover la puntualidad:** Comienza y termina la reunión a tiempo para respetar el tiempo de todos los asistentes. Esto también establece un estándar de profesionalismo.

- **Fomentar la participación activa:** Anima a todos los participantes a contribuir. Puedes hacer preguntas directas a ciertos miembros o utilizar técnicas como la lluvia de ideas para involucrar a todos.

5. Designar un Facilitador

Un facilitador efectivo es crucial para guiar la reunión y asegurarse de que se mantenga en el camino correcto.

- **Rol del facilitador:** Esta persona será responsable de presentar la agenda, moderar las discusiones, gestionar el tiempo y mantener el enfoque en los objetivos de la reunión.

- **Tomar notas:** Es útil que el facilitador o una persona designada tome notas de los puntos discutidos, decisiones tomadas y acciones a seguir. Esto será valioso para el seguimiento posterior.

6. Iniciar la Reunión de Manera Efectiva

El inicio de la reunión es fundamental para establecer el tono y la dirección.

- **Revisar la agenda:** Comienza la reunión revisando la agenda y recordando el propósito. Esto ayuda a centrar a los participantes y asegura que todos estén en la misma página.

- **Establecer expectativas:** Aclara las expectativas en cuanto a la participación, la toma de decisiones y el tiempo. Esto crea un ambiente de responsabilidad y colaboración.

7. Fomentar la Discusión Productiva

Durante la reunión, es importante facilitar una discusión que sea productiva y que conduzca a resultados concretos.

- **Mantener el enfoque:** El facilitador debe asegurarse de que las discusiones se mantengan alineadas con los objetivos de la reunión. Si surge un tema no relevante, se debe documentar para abordarlo en otro momento.

- **Escuchar activamente:** Fomenta la escucha activa entre los participantes, lo que implica prestar atención, hacer preguntas y evitar interrupciones. Esto contribuye a un ambiente de respeto y colaboración.

8. Concluir con Claridad

Finalizar la reunión de manera efectiva es crucial para garantizar que los resultados sean claros y que se sigan las acciones acordadas.

- **Resumen de decisiones y acciones:** Al final de la reunión, resume las decisiones tomadas, las acciones a seguir y los responsables de cada tarea. Esto asegura que todos estén alineados en cuanto a las expectativas.

- **Establecer plazos:** Si es posible, fija plazos para las acciones acordadas. Esto crea un sentido de urgencia y responsabilidad.

9. Hacer un Seguimiento Posterior a la Reunión

El seguimiento después de la reunión es vital para asegurar que las decisiones y acciones se implementen correctamente.

- **Enviar notas de la reunión:** Distribuye un resumen de la reunión que incluya las decisiones tomadas, las acciones asignadas y los plazos. Esto sirve como un recordatorio para los participantes.

- **Programar una revisión:** Considera programar una reunión de seguimiento o revisión para evaluar el progreso de las acciones y ajustar los planes según sea necesario.

10. Evaluar la Efectividad de la Reunión

La autoevaluación después de la reunión es esencial para mejorar la eficacia en el futuro.

- **Solicitar feedback:** Pide a los participantes que compartan sus opiniones sobre la reunión. Esto puede incluir qué funcionó bien y qué podría mejorarse.

- **Ajustar según sea necesario:** Utiliza el feedback recibido para hacer ajustes en la planificación y ejecución de futuras reuniones. La mejora continua es clave para la eficacia organizacional.

Herramientas para colaborar de manera eficiente

La colaboración eficiente es esencial en el entorno empresarial actual, donde los equipos a menudo están dispersos geográficamente y trabajan en proyectos complejos. Las herramientas adecuadas pueden facilitar la comunicación, la gestión de proyectos y el intercambio de información, mejorando así la productividad y el rendimiento del equipo. A continuación, se presentan diversas herramientas que pueden ayudar a los ejecutivos y equipos a colaborar de manera más efectiva.

1. Plataformas de Gestión de Proyectos

Estas herramientas permiten planificar, organizar y rastrear el progreso de proyectos de manera colaborativa.

- **Trello:** Utiliza un sistema de tableros, listas y tarjetas para organizar tareas. Su interfaz visual facilita el seguimiento de proyectos y asignación de responsabilidades.

- **Asana:** Ofrece funciones de gestión de tareas, seguimiento de proyectos y colaboración en equipo. Permite establecer plazos, asignar tareas y comentar sobre el progreso.

- **Monday.com:** Proporciona una plataforma flexible y visual para gestionar proyectos, personalizable según las necesidades del equipo, con la capacidad de rastrear el progreso en tiempo real.

2. Herramientas de Comunicación en Tiempo Real

La comunicación rápida y efectiva es crucial para la colaboración en equipo.

- **Slack:** Una herramienta de mensajería que permite la creación de canales temáticos, facilitando discusiones sobre proyectos específicos. También integra otras aplicaciones, como Google Drive y Trello.

- **Microsoft Teams:** Ofrece chat, videoconferencias y colaboración en documentos en una sola plataforma, ideal para equipos que utilizan otros productos de Microsoft.

- **Zoom:** Especializada en videoconferencias, Zoom permite reuniones virtuales de alta calidad con funciones de grabación y chat.

3. Herramientas de Almacenamiento y Compartición de Archivos

Facilitan el acceso y el intercambio de documentos y recursos entre miembros del equipo.

- **Google Drive:** Ofrece almacenamiento en la nube y la posibilidad de colaborar en documentos, hojas de cálculo y presentaciones en tiempo real. Su integración con otras herramientas de Google lo convierte en una opción versátil.

- **Dropbox:** Permite almacenar y compartir archivos en la nube, con funciones de colaboración y sincronización automática entre dispositivos.

- **OneDrive:** Integrado en el ecosistema de Microsoft, OneDrive facilita el almacenamiento y la colaboración en documentos de Office, permitiendo el acceso desde cualquier dispositivo.

4. Herramientas de Gestión del Tiempo y Productividad

Estas aplicaciones ayudan a los equipos a administrar su tiempo y recursos de manera eficiente.

- **Toggl:** Una herramienta de seguimiento del tiempo que permite a los usuarios registrar el tiempo dedicado a tareas y proyectos, ayudando a identificar áreas de mejora en la gestión del tiempo.

- **RescueTime:** Monitorea la actividad en la computadora y proporciona informes sobre cómo se utiliza el tiempo, ayudando a los usuarios a identificar distracciones y mejorar la productividad.

- **Todoist:** Una aplicación de gestión de tareas que permite a los usuarios crear listas de tareas, establecer prioridades y organizar su trabajo de manera efectiva.

5. Herramientas de Colaboración en Documentos

Permiten trabajar simultáneamente en documentos y realizar comentarios y ediciones en tiempo real.

- **Google Docs:** Facilita la creación y edición de documentos en línea, permitiendo que varios usuarios trabajen juntos en tiempo real. Sus funciones de comentario y sugerencias mejoran la colaboración.

- **Microsoft Word Online:** La versión en línea de Word permite a los usuarios crear y editar documentos de forma colaborativa, con la capacidad de rastrear cambios y realizar comentarios.

- **Notion:** Una herramienta multifuncional que combina notas, bases de datos y gestión de proyectos en un solo lugar. Permite la colaboración en documentos y la organización de la información de manera flexible.

6. Herramientas de Planificación y Programación

Facilitan la coordinación de horarios y la gestión de citas y reuniones.

- **Calendly:** Permite a los usuarios programar reuniones de manera eficiente, enviando enlaces que permiten a los demás elegir horarios disponibles sin intercambiar correos electrónicos.

- **Doodle:** Facilita la planificación de reuniones grupales al permitir a los participantes seleccionar sus horarios disponibles en una encuesta.

- **Google Calendar:** Una herramienta de calendario en línea que permite programar eventos, enviar invitaciones y recibir recordatorios. Su integración con otras aplicaciones mejora la gestión del tiempo.

7. Herramientas de Brainstorming y Gestión de Ideas

Estas herramientas ayudan a fomentar la creatividad y la generación de ideas en equipo.

- **Miro:** Una pizarra colaborativa en línea que permite a los equipos crear mapas mentales, diagramas y flujos de trabajo de manera visual. Es ideal para sesiones de brainstorming y planificación estratégica.

- **MindMeister:** Una herramienta de mapas mentales que permite a los usuarios visualizar ideas y conceptos de manera estructurada, facilitando la colaboración y la organización de pensamientos.

- **Stormboard:** Permite a los equipos generar y organizar ideas en una plataforma visual, facilitando el brainstorming y la priorización de proyectos.

8. Herramientas de Análisis y Seguimiento de Proyectos

Estas herramientas permiten evaluar el rendimiento y el progreso de los proyectos.

- **Jira:** Utilizada principalmente en equipos de desarrollo de software, Jira permite gestionar proyectos ágilmente, realizar seguimientos de tareas y evaluar el rendimiento del equipo.

- **Basecamp:** Proporciona una visión general del progreso de los proyectos, facilitando la colaboración y la comunicación entre los miembros del equipo.

- **ClickUp:** Una plataforma de gestión de proyectos que combina tareas, documentos y comunicación en un solo lugar, permitiendo un seguimiento detallado del rendimiento y progreso del equipo.

Eliminar reuniones innecesarias

Las reuniones son una parte integral del entorno empresarial, pero a menudo pueden volverse ineficaces y consumir tiempo valioso. La eliminación de reuniones innecesarias no solo optimiza el tiempo de los ejecutivos y sus equipos, sino que también mejora la productividad y la moral general del personal. A continuación, se presentan estrategias para identificar y eliminar reuniones innecesarias.

1. Evaluar la Necesidad de la Reunión

Antes de convocar una reunión, es fundamental preguntarse si realmente es necesaria. Algunas consideraciones incluyen:

- **Objetivo claro:** Pregúntate si la reunión tiene un propósito específico y claro. ¿Se necesita para tomar decisiones, compartir información o resolver problemas?

- **Alternativas disponibles:** Considera si la información puede comunicarse eficazmente a través de un correo electrónico, un informe o una herramienta de colaboración. Muchas veces, una simple actualización escrita puede ser más eficiente que reunir a un grupo.

2. Definir la Agenda de la Reunión

Si decides seguir adelante con la reunión, establece una agenda clara que detalle los temas a tratar. Esto ayuda a mantener el enfoque y asegura que el tiempo se utilice de manera productiva. Al definir la agenda:

- **Incluye los objetivos:** Establece qué resultados se esperan al final de la reunión. Esto ayuda a mantener a todos en la misma página y enfocados en los resultados deseados.

- **Limita los temas:** Evita tratar múltiples temas en una sola reunión. Si hay varios asuntos que discutir, considera dividirlos en reuniones separadas, cada una con su propia agenda.

3. Seleccionar a los Participantes Correctos

No todos los miembros del equipo necesitan asistir a cada reunión. Al seleccionar participantes:

- **Invita solo a los relevantes:** Asegúrate de que solo se invite a aquellos cuya presencia es esencial para el tema en cuestión. Esto reduce el número de participantes y mejora la calidad de la discusión.

- **Permitir la opción de no asistir:** Ofrece a los participantes la opción de no asistir si sienten que no aportarán valor a la reunión. Esto les da la libertad de decidir su nivel de participación.

4. Establecer Duraciones y Horarios Adecuados

La duración de las reuniones puede afectar la eficiencia. Algunas estrategias incluyen:

- **Establecer un límite de tiempo:** Define un tiempo específico para la reunión y respétalo. Esto fomentará la puntualidad y la concentración en los puntos más importantes.

- **Evitar reuniones largas:** Si es posible, opta por reuniones más cortas con intervalos regulares para mantener el enfoque. Las reuniones de 15 a 30 minutos suelen ser más efectivas que las de una hora.

5. Fomentar el Uso de Herramientas Digitales

La tecnología puede ayudar a minimizar la necesidad de reuniones presenciales. Algunas opciones incluyen:

- **Comunicación asincrónica:** Utiliza herramientas de mensajería o plataformas de colaboración (como Slack o Microsoft Teams) para compartir información sin necesidad de reunirse en persona.

- **Grupos de trabajo virtuales:** Establece grupos de trabajo en plataformas digitales para discutir proyectos y tomar decisiones sin la necesidad de convocar reuniones.

6. Revisar y Reflexionar sobre las Reuniones Pasadas

La revisión de las reuniones anteriores puede proporcionar información valiosa sobre su efectividad. Considera:

- **Solicitar feedback:** Después de una reunión, pide a los participantes su opinión sobre la utilidad y la relevancia de la misma. Esto puede ayudar a identificar áreas de mejora y a eliminar reuniones innecesarias en el futuro.

- **Analizar el impacto:** Reflexiona sobre los resultados de las reuniones pasadas. Si no se tomaron decisiones o no se avanzó en los temas discutidos, es probable que esas reuniones no sean necesarias en el futuro.

7. Promover una Cultura de Eficiencia

Fomentar una cultura que valore el tiempo y la productividad puede ayudar a reducir el número de reuniones innecesarias:

- **Educar al equipo:** Comparte estrategias sobre cómo evaluar la necesidad de las reuniones y cómo utilizar mejor su tiempo.

- **Reforzar la importancia de la eficiencia:** Celebra los logros que resultan de un uso eficiente del tiempo, y muestra ejemplos de cómo la eliminación de reuniones innecesarias ha beneficiado al equipo.

Capítulo 5: Dominio de las herramientas tecnológicas

Software y aplicaciones para la productividad empresarial

En el entorno empresarial actual, donde la eficiencia y la productividad son fundamentales para el éxito, contar con las herramientas adecuadas puede marcar la diferencia. A continuación, se presentan diversas categorías de software y aplicaciones diseñadas para mejorar la productividad empresarial, junto con ejemplos destacados en cada categoría.

1. Gestión de Proyectos

Las herramientas de gestión de proyectos ayudan a planificar, ejecutar y supervisar proyectos, facilitando la colaboración entre equipos.

- **Trello:** Utiliza un sistema de tableros y tarjetas para organizar tareas de manera visual. Ideal para equipos que prefieren una interfaz intuitiva y flexible.

- **Asana:** Permite gestionar tareas, establecer plazos y asignar responsabilidades, facilitando el seguimiento del progreso de proyectos y la colaboración entre miembros del equipo.

- **Wrike:** Ofrece funciones avanzadas de gestión de proyectos, incluyendo la planificación de recursos y el seguimiento de tiempo, permitiendo a los equipos colaborar de manera efectiva.

2. Comunicación y Colaboración

Las aplicaciones de comunicación permiten mantener a los equipos conectados y fomentar la colaboración en tiempo real.

- **Slack:** Una herramienta de mensajería que permite la creación de canales temáticos para discusiones específicas, integrando otras aplicaciones para una colaboración más fluida.

- **Microsoft Teams:** Proporciona chat, videoconferencias y colaboración en documentos, todo en un solo lugar, ideal para equipos que utilizan el ecosistema de Microsoft.

- **Zoom:** Especializada en videoconferencias, es una opción popular para reuniones virtuales, ofreciendo funciones como grabación y chat.

3. Gestión del Tiempo y Productividad Personal

Las aplicaciones de gestión del tiempo ayudan a los usuarios a organizar su día y maximizar su productividad.

- **Todoist:** Una aplicación de gestión de tareas que permite a los usuarios crear listas, establecer prioridades y organizar su trabajo de manera efectiva.

- **Toggl:** Una herramienta de seguimiento del tiempo que permite a los usuarios registrar el tiempo dedicado a tareas y proyectos, proporcionando informes sobre la productividad.

- **RescueTime:** Monitorea el uso del tiempo en la computadora y proporciona informes sobre la productividad, ayudando a los usuarios a identificar distracciones y mejorar su enfoque.

4. Almacenamiento y Compartición de Archivos

Las plataformas de almacenamiento en la nube permiten acceder y compartir documentos desde cualquier lugar.

- **Google Drive:** Ofrece almacenamiento en la nube y permite colaborar en documentos, hojas de cálculo y presentaciones en tiempo real. Su integración con otras herramientas de Google lo convierte en una opción versátil.

- **Dropbox:** Permite almacenar y compartir archivos, con funciones de colaboración y sincronización automática entre dispositivos.

- **OneDrive:** Integrado en el ecosistema de Microsoft, facilita el almacenamiento y la colaboración en documentos de Office, permitiendo el acceso desde cualquier dispositivo.

5. Herramientas de Análisis y Visualización de Datos

Las herramientas de análisis permiten tomar decisiones informadas basadas en datos.

- **Tableau:** Facilita la visualización de datos y la creación de informes interactivos, permitiendo a los equipos analizar información y presentar hallazgos de manera efectiva.

- **Google Data Studio:** Ofrece una plataforma para crear informes y paneles personalizados, integrando datos de múltiples fuentes para un análisis profundo.

- **Microsoft Power BI:** Permite a los usuarios transformar datos en informes interactivos y visualizaciones, facilitando la toma de decisiones basada en datos.

6. Automatización de Procesos

Las herramientas de automatización ayudan a reducir tareas repetitivas y mejorar la eficiencia.

- **Zapier:** Permite conectar diferentes aplicaciones y automatizar flujos de trabajo, ahorrando tiempo y reduciendo la necesidad de realizar tareas manualmente.

- **Integromat (Make):** Similar a Zapier, permite automatizar procesos entre diferentes aplicaciones, facilitando la integración de servicios y la automatización de flujos de trabajo.

- **Microsoft Power Automate:** Facilita la automatización de tareas y flujos de trabajo entre aplicaciones de Microsoft y otros servicios.

7. Herramientas de Planificación y Programación

Las aplicaciones de planificación ayudan a coordinar horarios y gestionar citas.

- **Calendly:** Facilita la programación de reuniones al permitir a los participantes elegir horarios disponibles sin la necesidad de intercambiar correos electrónicos.

- **Doodle:** Permite organizar reuniones grupales al permitir que los participantes seleccionen sus horarios disponibles en una encuesta.

- **Google Calendar:** Una herramienta de calendario en línea que permite programar eventos, enviar invitaciones y recibir recordatorios, integrándose con otras aplicaciones.

8. Software de Gestión Financiera

Las aplicaciones de gestión financiera ayudan a las empresas a controlar su flujo de caja y realizar un seguimiento de los gastos.

- **QuickBooks:** Un software de contabilidad que permite a las empresas gestionar sus finanzas, incluyendo facturación, gastos y generación de informes financieros.

- **Xero:** Ofrece herramientas de contabilidad en la nube, facilitando la gestión financiera y la colaboración con contadores y asesores.

- **FreshBooks:** Una herramienta de facturación y contabilidad diseñada para pequeñas empresas, que permite gestionar clientes, gastos y pagos.

Automatización de tareas repetitivas

La automatización de tareas repetitivas es una estrategia clave para aumentar la eficiencia en el entorno empresarial. Consiste en utilizar herramientas y tecnologías para realizar automáticamente tareas que, de otro modo, requerirían intervención humana. Esta práctica no solo ahorra tiempo, sino que también reduce errores, mejora la precisión y permite a los empleados centrarse en actividades de mayor valor añadido. A continuación, se presentan diferentes aspectos de la automatización de tareas repetitivas, su importancia y ejemplos prácticos de su aplicación.

1. Definición de Automatización de Tareas Repetitivas

La automatización de tareas repetitivas implica la utilización de software, herramientas y técnicas para ejecutar tareas estándar y recurrentes de manera automática. Esto puede incluir:

- **Tareas administrativas:** Como la gestión de correos electrónicos, la programación de reuniones o la entrada de datos.

- **Procesos operativos:** Incluyendo el seguimiento de inventarios, la facturación o la generación de informes.

- **Interacciones con clientes:** A través de chatbots o correos electrónicos automáticos para consultas comunes.

2. Beneficios de la Automatización

La automatización de tareas repetitivas ofrece una serie de beneficios significativos para las organizaciones:

- **Ahorro de tiempo:** La eliminación de tareas manuales permite que los empleados dediquen más tiempo a actividades estratégicas y creativas.

- **Reducción de errores:** Al automatizar procesos, se minimizan los errores humanos asociados con la entrada de datos o la ejecución de tareas repetitivas.

- **Mejora de la eficiencia:** Los procesos automatizados son más rápidos y pueden ejecutarse las 24 horas del día, lo que incrementa la productividad general de la empresa.

- **Aumento de la satisfacción del empleado:** Al liberar a los empleados de tareas tediosas, se mejora su satisfacción laboral y se fomenta un ambiente de trabajo más motivador.

- **Costos reducidos:** A largo plazo, la automatización puede disminuir los costos operativos al optimizar el uso de recursos y reducir la necesidad de mano de obra para tareas repetitivas.

3. Áreas Comunes para la Automatización

Existen diversas áreas en las que la automatización puede implementarse efectivamente:

- **Marketing:** La automatización de marketing permite gestionar campañas de correo electrónico, segmentar audiencias y realizar un seguimiento del comportamiento del cliente sin intervención manual.

- **Atención al cliente:** Los chatbots pueden responder preguntas frecuentes y dirigir a los clientes a los recursos adecuados, mejorando la experiencia del usuario.

- **Finanzas y contabilidad:** La automatización de la facturación y la reconciliación de cuentas puede reducir significativamente el tiempo dedicado a tareas administrativas.

- **Gestión de recursos humanos:** Procesos como la selección de currículos, la programación de entrevistas y la gestión de nóminas pueden automatizarse para mejorar la eficiencia.

4. Herramientas para la Automatización

Hay una variedad de herramientas disponibles para facilitar la automatización de tareas repetitivas:

- **Zapier:** Conecta diferentes aplicaciones y automatiza flujos de trabajo entre ellas, permitiendo que las acciones en una aplicación desencadenen procesos en otra.

- **Integromat (Make):** Similar a Zapier, permite automatizar tareas entre múltiples aplicaciones y servicios en línea.

- **UiPath:** Especializado en la automatización de procesos robóticos (RPA), permite a las empresas automatizar tareas en aplicaciones de escritorio y web.

- **Microsoft Power Automate:** Ofrece herramientas para automatizar flujos de trabajo dentro de las aplicaciones de Microsoft y otras integraciones.

- **Trello y Asana:** Permiten la creación de tareas automatizadas y recordatorios, facilitando la gestión de proyectos y tareas en equipo.

5. Implementación de la Automatización

Para implementar la automatización de manera efectiva, se pueden seguir estos pasos:

- **Identificar tareas repetitivas:** Realiza un inventario de las tareas que consumen tiempo y que son repetitivas, determinando cuáles son candidatas para la automatización.

- **Evaluar herramientas:** Investiga y selecciona las herramientas adecuadas que se alineen con los procesos de tu empresa y las necesidades específicas del equipo.

- **Prototipo y prueba:** Implementa la automatización de forma gradual, comenzando con un pequeño grupo de tareas. Realiza pruebas para asegurarte de que los procesos automatizados funcionen como se espera.

- **Entrenamiento y adaptación:** Proporciona capacitación a los empleados sobre cómo utilizar las nuevas herramientas y asegúrate de que entiendan los beneficios de la automatización.

- **Monitoreo y ajustes:** Supervisa los resultados de la automatización y realiza ajustes según sea necesario para mejorar la eficiencia y resolver problemas.

6. Desafíos de la Automatización

Aunque la automatización ofrece numerosos beneficios, también presenta desafíos que deben abordarse:

- **Resistencia al cambio:** Algunos empleados pueden sentirse amenazados por la automatización, temiendo la pérdida de empleo. Es fundamental comunicar los beneficios y el propósito de la automatización para superar esta resistencia.

- **Costo inicial:** La implementación de soluciones de automatización puede requerir una inversión inicial, aunque a largo plazo los ahorros superen este costo.

- **Integración de sistemas:** La automatización puede requerir la integración de múltiples sistemas y aplicaciones, lo que puede ser complejo y demandar tiempo.

Inteligencia artificial como asistente ejecutiva

La inteligencia artificial (IA) ha transformado muchos aspectos de la vida laboral, y su papel como asistente ejecutiva se ha vuelto especialmente relevante en un entorno empresarial que exige eficiencia, rapidez y adaptabilidad. Un asistente ejecutivo basado en IA puede gestionar una variedad de tareas, optimizando el flujo de trabajo y permitiendo a los ejecutivos centrarse en decisiones estratégicas. A continuación, se exploran las funciones, beneficios y consideraciones del uso de la inteligencia artificial como asistente ejecutiva.

1. Definición del Asistente Ejecutivo de IA

Un asistente ejecutivo de inteligencia artificial es un software o herramienta que utiliza tecnologías de IA, como el procesamiento del lenguaje natural (NLP), el aprendizaje automático y la automatización de procesos, para realizar tareas que normalmente llevarían tiempo y esfuerzo humano. Estas tareas pueden incluir la gestión de agendas, la programación de reuniones, el manejo de correos electrónicos y la recopilación de datos.

2. Funciones de un Asistente Ejecutivo de IA

Las funciones específicas de un asistente ejecutivo basado en IA pueden variar según la herramienta utilizada, pero generalmente incluyen:

- **Gestión de Calendarios:** La IA puede programar reuniones automáticamente, encontrar horarios adecuados y enviar invitaciones, considerando las disponibilidades de todos los participantes.

- **Manejo de Correos Electrónicos:** Puede filtrar correos electrónicos, priorizar mensajes importantes y redactar respuestas a correos comunes, ahorrando tiempo valioso.

- **Recopilación de Información:** La IA puede realizar búsquedas de información en la web y compilar datos relevantes, como informes de mercado o noticias de la industria, para ayudar en la toma de decisiones.

- **Gestión de Tareas:** Los asistentes de IA pueden crear listas de tareas, establecer recordatorios y hacer seguimiento del progreso de los proyectos en curso.

- **Análisis de Datos:** Utilizando algoritmos de aprendizaje automático, pueden analizar grandes volúmenes de datos para identificar tendencias, oportunidades y áreas de mejora.

- **Automatización de Procesos:** La IA puede automatizar tareas repetitivas, como la facturación y el seguimiento de gastos, permitiendo a los ejecutivos concentrarse en actividades estratégicas.

3. Beneficios del Uso de IA como Asistente Ejecutivo

La incorporación de un asistente ejecutivo de IA ofrece múltiples ventajas:

- **Ahorro de Tiempo:** Al gestionar tareas repetitivas y administrativas, la IA permite a los ejecutivos dedicar más tiempo a actividades estratégicas y de alto impacto.

- **Mejora en la Toma de Decisiones:** Con acceso a datos y análisis en tiempo real, los ejecutivos pueden tomar decisiones informadas y rápidas, basadas en información actualizada.

- **Eficiencia Mejorada:** La IA puede operar 24/7, lo que significa que puede gestionar tareas y proyectos incluso fuera del horario laboral, mejorando la eficiencia general de la organización.

- **Reducción de Errores:** La automatización de procesos minimiza los errores humanos, lo que se traduce en una mayor precisión y confiabilidad en las tareas ejecutivas.

- **Adaptabilidad y Aprendizaje Continuo:** Los asistentes de IA pueden aprender y adaptarse con el tiempo, mejorando su rendimiento y capacidad para anticipar las necesidades de los ejecutivos.

4. Ejemplos de Herramientas de IA como Asistentes Ejecutivos

- **Microsoft Cortana:** Este asistente virtual ayuda con la gestión de calendarios, la programación de reuniones y la búsqueda de información, todo integrado con el ecosistema de Microsoft Office.

- **Google Assistant:** Ofrece funciones de gestión de tareas y recordatorios, y puede integrarse con otras aplicaciones para facilitar la programación y el seguimiento de proyectos.

- **x.ai:** Un asistente de programación que utiliza IA para gestionar calendarios y coordinar reuniones, facilitando el proceso de encontrar horarios adecuados para múltiples participantes.

- **Clara:** Un asistente de IA que se encarga de la gestión de correos electrónicos y la programación de reuniones, aprendiendo las preferencias de los usuarios para mejorar la eficacia con el tiempo.

5. Consideraciones Éticas y de Implementación

A pesar de los numerosos beneficios, la implementación de asistentes ejecutivos basados en IA también plantea desafíos y consideraciones éticas:

- **Privacidad y Seguridad:** La gestión de datos sensibles requiere un enfoque cuidadoso para garantizar que la información personal y empresarial esté protegida adecuadamente.

- **Dependencia de la Tecnología:** Si bien la IA puede aumentar la eficiencia, es esencial que los ejecutivos mantengan un equilibrio entre la automatización y el toque humano en sus interacciones.

- **Capacitación y Adaptación:** La transición a un asistente ejecutivo de IA puede requerir capacitación y un cambio cultural dentro de la organización, lo que puede ser un desafío para algunos equipos.

- **Actualización Continua:** La tecnología de IA está en constante evolución, lo que requiere que las empresas se mantengan actualizadas y adaptadas a los cambios en la tecnología.

Capítulo 6: La importancia de la salud mental y física

○ ## Cómo evitar el agotamiento y gestionar el estrés

El agotamiento y el estrés son problemas comunes en el entorno empresarial actual, donde la presión por cumplir con plazos y alcanzar objetivos puede ser abrumadora. Sin embargo, la gestión adecuada del estrés y la prevención del agotamiento son cruciales para mantener la productividad, la creatividad y el bienestar general. A continuación, se presentan estrategias efectivas para evitar el agotamiento y gestionar el estrés en el entorno laboral.

1. Reconocer los Signos de Agotamiento y Estrés

El primer paso para prevenir el agotamiento es reconocer sus signos y síntomas. Estos pueden incluir:

- **Fatiga Crónica:** Sentirse cansado incluso después de descansar.

- **Desmotivación:** Pérdida de interés en el trabajo y en las tareas diarias.

- **Irritabilidad:** Cambios de humor y dificultad para manejar situaciones cotidianas.

- **Dificultad de Concentración:** Problemas para enfocarse en las tareas y tomar decisiones.

- **Problemas de Salud:** Dolores de cabeza, insomnio, problemas digestivos y otros síntomas físicos.

2. Establecer Límites Claros

Definir límites claros entre el trabajo y la vida personal es fundamental para evitar el agotamiento. Algunas estrategias incluyen:

- **Horario de Trabajo Fijo:** Establecer un horario de trabajo y ceñirse a él para evitar trabajar horas extra innecesarias.

- **Desconexión Digital:** Limitar el uso de dispositivos electrónicos y correos electrónicos fuera del horario laboral para promover la desconexión.

- **Priorizar Actividades Personales:** Dedicar tiempo a actividades y pasatiempos que disfrutes para equilibrar la vida laboral y personal.

3. Practicar la Gestión del Tiempo

Una gestión del tiempo efectiva puede reducir significativamente el estrés. Considera las siguientes técnicas:

- **Planificación Diaria:** Dedicar tiempo cada día para planificar las tareas y actividades, estableciendo prioridades y plazos realistas.

- **Descomponer Tareas:** Dividir proyectos grandes en tareas más pequeñas y manejables para evitar sentirte abrumado.

- **Utilizar Técnicas de Prioridad:** Emplear métodos como la Matriz de Eisenhower o el método Pomodoro para gestionar mejor el tiempo y las tareas.

4. Fomentar un Ambiente de Trabajo Positivo

El entorno de trabajo puede influir en los niveles de estrés y agotamiento. Algunas acciones para mejorar el ambiente laboral incluyen:

- **Fomentar la Colaboración:** Promover un ambiente donde los equipos puedan trabajar juntos y apoyarse mutuamente.

- **Reconocer y Celebrar Logros:** Apreciar los logros individuales y del equipo para mantener la motivación y el espíritu positivo.

- **Crear Espacios de Trabajo Saludables:** Asegurarse de que el espacio de trabajo sea cómodo, bien iluminado y propicio para la concentración.

5. Practicar Técnicas de Relajación y Mindfulness

Integrar técnicas de relajación y mindfulness en la rutina diaria puede ayudar a gestionar el estrés. Algunas prácticas incluyen:

- **Meditación:** Dedicar unos minutos al día a la meditación para calmar la mente y reducir el estrés.

- **Ejercicio Regular:** Realizar actividad física regularmente, como caminar, correr o practicar yoga, para liberar endorfinas y mejorar el estado de ánimo.

- **Respiración Profunda:** Practicar ejercicios de respiración profunda para relajar el cuerpo y la mente, especialmente en momentos de alta presión.

6. Establecer Redes de Apoyo

Contar con una red de apoyo es esencial para gestionar el estrés y evitar el agotamiento. Considera lo siguiente:

- **Comunicación Abierta:** Fomentar un ambiente donde los empleados se sientan cómodos compartiendo sus preocupaciones y desafíos.

- **Mentoría y Coaching:** Buscar apoyo de mentores o coaches que puedan ofrecer orientación y perspectiva sobre la gestión del estrés y la carga laboral.

- **Grupos de Apoyo:** Participar en grupos de apoyo o actividades de team building que fomenten la camaradería y el apoyo mutuo entre colegas.

7. Buscar Ayuda Profesional

Si el agotamiento y el estrés se vuelven abrumadores, es importante buscar ayuda profesional. Un psicólogo, coach o terapeuta puede proporcionar estrategias personalizadas para gestionar el estrés y abordar el agotamiento.

8. Revisar y Ajustar Regularmente

La gestión del estrés y la prevención del agotamiento no son tareas únicas, sino procesos continuos. Es crucial revisar y ajustar regularmente las estrategias utilizadas para asegurarse de que sigan siendo efectivas y adecuadas a las circunstancias cambiantes.

Equilibrio entre vida personal y laboral

El equilibrio entre la vida personal y laboral es un objetivo fundamental para muchos profesionales en la actualidad, especialmente en un mundo donde la tecnología ha difuminado las líneas entre ambos aspectos. Un adecuado equilibrio no solo mejora la calidad de vida, sino que también aumenta la productividad y la satisfacción laboral. A continuación, se detallan estrategias y prácticas que pueden ayudar a lograr un equilibrio saludable entre la vida personal y laboral.

1. Definición del Equilibrio entre Vida Personal y Laboral

El equilibrio entre vida personal y laboral se refiere a la capacidad de gestionar las demandas del trabajo y las responsabilidades personales de manera que ninguna de las dos áreas interfiera negativamente en la otra. Esto implica dedicar tiempo a la vida familiar, el ocio, el autocuidado y las actividades personales, al mismo tiempo que se cumplen las obligaciones laborales.

2. Importancia del Equilibrio

Un equilibrio adecuado entre la vida personal y laboral tiene numerosos beneficios, tanto a nivel individual como organizacional:

- **Mejora de la Salud Mental y Física:** Un equilibrio saludable reduce el riesgo de estrés, ansiedad y agotamiento, promoviendo una mejor salud mental y física.

- **Aumento de la Productividad:** Los empleados que logran un equilibrio tienden a ser más productivos y creativos, ya que están más motivados y comprometidos con su trabajo.

- **Relaciones Interpersonales Sólidas:** Dedicar tiempo a la familia y a las relaciones personales fortalece los vínculos y mejora la calidad de vida.

- **Retención de Talento:** Las organizaciones que fomentan un buen equilibrio entre vida personal y laboral son más propensas a retener a sus empleados, ya que estos se sienten valorados y satisfechos.

3. Estrategias para Lograr el Equilibrio

Existen diversas estrategias que los profesionales pueden implementar para alcanzar un equilibrio entre su vida personal y laboral:

- **Establecer Límites Claros:** Definir horarios de trabajo y comunicarlos a colegas y superiores. Es fundamental evitar trabajar fuera de esos horarios, a menos que sea absolutamente necesario.

- **Priorizar Tareas:** Utilizar técnicas de priorización, como la matriz de Eisenhower, para identificar qué tareas son urgentes y cuáles pueden esperar. Esto ayuda a centrarse en lo que realmente importa.

- **Programar Tiempo Personal:** Al igual que se programan reuniones y tareas laborales, es crucial reservar tiempo para actividades personales y familiares. Esto puede incluir tiempo para hacer ejercicio, hobbies o simplemente descansar.

- **Desconexión Digital:** Establecer momentos en los que no se revisen correos electrónicos o mensajes relacionados con el trabajo. Esto permite una desconexión real y favorece la concentración en la vida personal.

- **Utilizar Recursos de la Empresa:** Si la empresa ofrece recursos como horarios flexibles, trabajo remoto o programas de bienestar, es importante aprovecharlos. Estas opciones pueden facilitar la conciliación de la vida laboral y personal.

- **Practicar el Autocuidado:** Invertir tiempo en actividades que promuevan el bienestar físico y mental, como el ejercicio, la meditación, o hobbies que se disfruten. El autocuidado es esencial para mantener un equilibrio saludable.

4. Fomentar una Cultura Organizacional de Equilibrio

Las organizaciones también juegan un papel crucial en la promoción del equilibrio entre la vida personal y laboral. Algunas acciones que pueden tomar incluyen:

- **Promover la Flexibilidad:** Fomentar políticas que permitan horarios flexibles y trabajo remoto, adaptándose a las necesidades de los empleados.

- **Valorar la Productividad sobre la Presencia:** Cambiar el enfoque de medir el rendimiento basado en la cantidad de horas trabajadas a un enfoque basado en los resultados y logros.

- **Ofrecer Programas de Bienestar:** Implementar programas de bienestar que incluyan asesoramiento, clases de fitness, y talleres sobre gestión del estrés y equilibrio entre la vida personal y laboral.

- **Reconocer y Celebrar Logros Personales:** Fomentar un ambiente donde se celebren los logros personales y profesionales, lo que ayuda a crear una cultura de apoyo y reconocimiento.

5. Superar Desafíos Comunes

Lograr un equilibrio entre la vida personal y laboral puede presentar desafíos. Algunos de los más comunes incluyen:

- **Presión Laboral:** La carga de trabajo excesiva puede dificultar la desconexión. Es importante comunicar estas preocupaciones a superiores y buscar soluciones conjuntas.

- **Culpabilidad por la Desconexión:** Muchos profesionales sienten culpa al desconectarse del trabajo. Recordar que el tiempo personal es esencial para la productividad y la creatividad puede ayudar a mitigar esta sensación.

- **Cambios en la Vida Personal:** Eventos significativos, como el nacimiento de un hijo o el cuidado de un familiar, pueden requerir ajustes en la gestión del tiempo. Ser flexible y adaptarse a estas circunstancias es fundamental.

- # Hábitos saludables para mantener la energía y la concentración

Mantener la energía y la concentración es fundamental para cualquier ejecutivo que busque maximizar su productividad y eficiencia. Sin embargo, en un entorno laboral lleno de distracciones y presiones, es crucial adoptar hábitos saludables que promuevan un estado mental y físico óptimo. A continuación, se presentan varios hábitos que pueden ayudar a mantener la energía y la concentración durante el día laboral.

1. Alimentación Saludable y Balanceada

Una nutrición adecuada es esencial para mantener la energía y la concentración a lo largo del día. Considera lo siguiente:

- **Desayuno Nutritivo:** Comenzar el día con un desayuno equilibrado que incluya proteínas, carbohidratos complejos y grasas saludables. Ejemplos incluyen avena con frutas, yogur griego o huevos revueltos con vegetales.

- **Snacks Saludables:** Optar por bocadillos saludables entre comidas, como nueces, frutas, verduras con hummus o yogur. Estos alimentos ayudan a estabilizar los niveles de azúcar en la sangre y proporcionan energía sostenida.

- **Hidratación:** Mantenerse bien hidratado es crucial para el funcionamiento cognitivo. Beber suficiente agua a lo largo del día y limitar el consumo de bebidas azucaradas y cafeína, ya que pueden provocar picos y caídas en los niveles de energía.

2. Ejercicio Regular

El ejercicio regular no solo mejora la salud física, sino que también es un potente estimulante para la energía y la concentración:

- **Actividad Física Diaria:** Incorporar al menos 30 minutos de actividad física en la rutina diaria. Esto puede incluir caminar, correr, nadar o practicar yoga. El ejercicio libera endorfinas, que mejoran el estado de ánimo y la claridad mental.

- **Pausas Activas:** Realizar pausas cortas durante el trabajo para moverse y estirarse. Esto puede incluir caminar por la oficina o hacer algunos ejercicios simples de estiramiento para liberar la tensión muscular y mejorar la circulación.

3. Sueño Adecuado

El descanso adecuado es crucial para mantener la energía y la concentración:

- **Dormir lo Suficiente:** Asegurarse de dormir entre 7 y 9 horas cada noche. Un sueño de calidad es fundamental para la recuperación mental y física, y afecta directamente la capacidad de concentración.

- **Rutina de Sueño:** Establecer una rutina regular de sueño, yendo a la cama y despertándose a la misma hora todos los días. Crear un ambiente propicio para dormir, como mantener la habitación oscura y fresca, y evitar el uso de dispositivos electrónicos antes de acostarse.

4. Manejo del Estrés

El estrés puede consumir energía y afectar la concentración. Implementar técnicas efectivas de manejo del estrés puede ayudar:

- **Mindfulness y Meditación:** Practicar mindfulness o meditación durante unos minutos al día puede ayudar a calmar la mente, mejorar la concentración y reducir el estrés. Existen aplicaciones y guías en línea que pueden facilitar esta práctica.

- **Técnicas de Respiración:** Realizar ejercicios de respiración profunda puede ser un recurso inmediato para reducir el estrés y recuperar la concentración. Inhalar profundamente por la nariz, sostener la respiración unos segundos y exhalar lentamente ayuda a relajar el cuerpo y la mente.

5. Organización y Gestión del Tiempo

Una buena organización y gestión del tiempo son esenciales para mantener la concentración:

- **Planificación Diaria:** Dedicar tiempo al inicio del día para planificar las tareas y establecer prioridades. Utilizar listas de tareas o herramientas de gestión del tiempo puede ser útil para mantenerse enfocado.

- **Métodos de Prioridad:** Emplear técnicas como la matriz de Eisenhower o el método Pomodoro para gestionar el tiempo de trabajo y las pausas. Esto ayuda a maximizar la eficiencia y a mantener la atención en las tareas importantes.

6. Limitación de Distracciones

Reducir las distracciones es fundamental para mantener la concentración:

- **Espacio de Trabajo Organizado:** Mantener el espacio de trabajo limpio y organizado puede reducir las distracciones y aumentar la productividad. Asegúrate de tener solo lo esencial a la vista y eliminar cualquier elemento que pueda desviar tu atención.

- **Desconexión de Tecnologías:** Limitar el uso de redes sociales y aplicaciones de mensajería durante las horas de trabajo. Establecer momentos específicos para revisar correos y mensajes puede ayudar a evitar interrupciones constantes.

7. Conexiones Sociales

Las interacciones sociales son importantes para el bienestar emocional y pueden impactar positivamente en la energía y la concentración:

- **Establecer Relaciones Laborales:** Fomentar relaciones positivas con compañeros de trabajo. Las interacciones sociales en el lugar de trabajo pueden mejorar el estado de ánimo y la motivación.

- **Apoyo de Compañeros:** Buscar el apoyo de colegas cuando se enfrenten a desafíos laborales. Compartir experiencias y recibir consejos puede ser motivador y energizante.

Capítulo 7: Estrategias para la innovación continua

○ Cómo fomentar una mentalidad innovadora en el equipo

Fomentar una mentalidad innovadora en un equipo es esencial para adaptarse a los cambios del mercado, resolver problemas complejos y mantener una ventaja competitiva. La innovación no se limita a crear nuevos productos o servicios; también incluye la mejora continua de procesos, la cultura organizacional y la forma de pensar de los empleados. A continuación, se presentan estrategias clave para cultivar una mentalidad innovadora en el equipo.

1. Promover un Entorno Abierto y Colaborativo

Un ambiente de trabajo que fomente la comunicación abierta y la colaboración es fundamental para la innovación.

- **Espacios de Trabajo Colaborativos:** Diseñar espacios que alienten la interacción y el trabajo en equipo. Esto puede incluir áreas comunes, salas de descanso creativas o zonas de trabajo compartidas.

- **Cultura de Feedback:** Fomentar una cultura donde los empleados se sientan cómodos compartiendo ideas y dando feedback constructivo. Valorar las opiniones de todos, independientemente de su nivel en la organización, ayuda a generar un sentido de pertenencia y motivación.

2. Establecer una Visión Clara y Motivadora

La innovación necesita un propósito claro para guiar a los equipos.

- **Definir Objetivos de Innovación:** Establecer metas específicas de innovación que estén alineadas con la visión y la misión de la empresa. Esto ayuda a enfocar los esfuerzos del equipo y a proporcionar un sentido de dirección.

- **Inspirar con Historias de Éxito:** Compartir casos de éxito y ejemplos de innovación, tanto dentro como fuera de la organización, puede motivar al equipo a pensar en nuevas ideas y enfoques.

3. Fomentar la Creatividad y la Experimentación

La creatividad es la base de la innovación. Para estimularla, se pueden implementar las siguientes prácticas:

- **Sesiones de Lluvia de Ideas:** Organizar sesiones regulares de lluvia de ideas donde todos los miembros del equipo puedan contribuir con sus ideas sin temor al juicio. Esto puede dar lugar a soluciones inesperadas y valiosas.

- **Proyectos de Innovación:** Permitir que los empleados dediquen tiempo a proyectos de innovación fuera de sus responsabilidades diarias. Proyectos como el "20% del tiempo" de Google permiten a los empleados explorar ideas que les apasionen.

- **Celebrar el Fracaso:** Crear una cultura donde el fracaso se vea como una oportunidad de aprendizaje. Alentar a los empleados a experimentar y asumir riesgos puede llevar a descubrimientos valiosos.

4. Incentivar la Diversidad de Pensamiento

La diversidad de perspectivas es clave para la innovación, ya que diferentes antecedentes y experiencias pueden generar ideas únicas.

- **Formar Equipos Diversos:** Crear equipos con miembros de diversas áreas, habilidades y experiencias. La colaboración entre diferentes perspectivas enriquece el proceso creativo y puede llevar a soluciones más efectivas.

- **Fomentar la Inclusión:** Asegurarse de que todos los miembros del equipo se sientan incluidos y valorados, independientemente de su origen o posición. Esto permite que cada voz sea escuchada y considerada en el proceso de innovación.

5. Proporcionar Formación y Recursos

Invertir en el desarrollo de habilidades y proporcionar recursos adecuados es esencial para potenciar la innovación.

- **Capacitación en Habilidades Creativas:** Ofrecer talleres y cursos que enseñen técnicas de creatividad y resolución de problemas. Esto puede incluir técnicas de pensamiento lateral, design thinking y metodologías ágiles.

- **Acceso a Herramientas de Innovación:** Proporcionar herramientas y tecnologías que faciliten la colaboración y la creatividad, como software de gestión de proyectos, plataformas de comunicación y recursos para la investigación de tendencias.

6. Establecer una Estructura de Soporte para la Innovación

Contar con una estructura organizativa que apoye la innovación es fundamental.

- **Crear un Comité de Innovación:** Establecer un equipo o comité encargado de impulsar iniciativas de innovación en toda la organización. Este grupo puede coordinar esfuerzos, evaluar propuestas y proporcionar orientación.

- **Asignar Recursos Dedicados:** Asegurar que haya recursos financieros y humanos asignados a proyectos de innovación. Esto puede incluir la asignación de presupuesto específico para iniciativas innovadoras.

7. Medir y Reconocer el Progreso en Innovación

Evaluar el progreso y reconocer los logros en innovación puede motivar al equipo a seguir impulsando cambios.

- **Establecer Indicadores de Éxito:** Definir métricas para medir el impacto de las iniciativas de innovación, como la cantidad de ideas implementadas, la mejora en la eficiencia o el aumento en la satisfacción del cliente.

- **Reconocer y Celebrar los Logros:** Celebrar los éxitos de innovación, tanto grandes como pequeños. Reconocer el esfuerzo del equipo refuerza el comportamiento innovador y crea un ambiente positivo.

Adaptación al cambio y pensamiento disruptivo

En un entorno empresarial cada vez más dinámico y competitivo, la capacidad de adaptación al cambio y el pensamiento disruptivo se han convertido en habilidades fundamentales para los ejecutivos y sus equipos. La transformación constante de la tecnología, las demandas del mercado y las expectativas de los clientes exige que las organizaciones no solo se adapten, sino que también piensen de manera innovadora para mantenerse relevantes y competitivas.

1. Entendiendo la Adaptación al Cambio

La adaptación al cambio implica la capacidad de una organización y su personal para ajustar sus estrategias, procesos y comportamientos ante nuevas circunstancias. Esto puede incluir cambios en el mercado, nuevas tecnologías, movimientos de la competencia o cambios en las expectativas de los clientes.

- **Flexibilidad Organizativa:** Las empresas deben desarrollar una estructura organizativa flexible que les permita reaccionar rápidamente a los cambios. Esto puede incluir la reducción de jerarquías y la promoción de una cultura de trabajo colaborativo.

- **Capacitación Continua:** La formación y el desarrollo profesional son cruciales para preparar a los empleados para los cambios. Invertir en capacitación continua ayuda a los equipos a adquirir nuevas habilidades y mantenerse actualizados en sus respectivas áreas.

- **Comunicación Abierta:** Fomentar una cultura de comunicación abierta permite que los empleados compartan información sobre cambios inminentes y sus posibles implicaciones. La transparencia en la comunicación ayuda a construir confianza y a facilitar la transición.

2. El Papel del Pensamiento Disruptivo

El pensamiento disruptivo se refiere a la capacidad de desafiar las normas establecidas y buscar soluciones innovadoras que transformen el mercado o la industria. Esta mentalidad permite a las organizaciones encontrar nuevas oportunidades y superar a la competencia.

- **Cuestionar el Status Quo:** Fomentar un ambiente donde los empleados se sientan cómodos cuestionando procesos y prácticas tradicionales. Esto puede dar lugar a nuevas ideas que rompan con las convenciones actuales.

- **Inspirar la Creatividad:** Implementar prácticas que estimulen la creatividad, como sesiones de lluvia de ideas o hackatones, puede ayudar a los equipos a desarrollar soluciones disruptivas. Estas actividades deben estar diseñadas para liberar la imaginación y explorar posibilidades no convencionales.

- **Fomentar una Cultura de Innovación:** La cultura organizacional debe estar centrada en la innovación. Esto implica reconocer y recompensar a aquellos que proponen ideas audaces, incluso si no todas las iniciativas tienen éxito. El fracaso debe ser visto como una oportunidad para aprender y mejorar.

3. Estrategias para Fomentar la Adaptación y el Pensamiento Disruptivo

Para implementar con éxito la adaptación al cambio y el pensamiento disruptivo en una organización, se pueden considerar las siguientes estrategias:

- **Evaluación Regular del Entorno:** Realizar análisis de mercado y estudios de tendencias regularmente para identificar cambios potenciales y áreas de oportunidad.

Utilizar datos y análisis para comprender mejor el entorno empresarial.

- **Implementar Equipos Ágiles:** Formar equipos multifuncionales que puedan trabajar de manera ágil para responder a cambios en tiempo real. Estas estructuras permiten una mayor flexibilidad y capacidad de respuesta ante situaciones imprevistas.

- **Incentivar la Diversidad de Ideas:** Fomentar la inclusión de diversas perspectivas dentro de los equipos. La diversidad no solo en términos de antecedentes, sino también en formas de pensar, puede generar soluciones más innovadoras.

- **Utilizar Tecnologías Emergentes:** Estar al tanto de las tecnologías emergentes que pueden impactar la industria y explorarlas como oportunidades de innovación. Esto puede incluir inteligencia artificial, análisis de datos, blockchain y más.

4. Superar la Resistencia al Cambio

La resistencia al cambio es una de las mayores barreras para la adaptación y el pensamiento disruptivo. Para superarla:

- **Involucrar a los Empleados:** Involucrar a los empleados en el proceso de cambio desde el principio. Permitir que den su opinión y se sientan parte del proceso aumenta la aceptación y el compromiso.

- **Proporcionar Apoyo Emocional:** Reconocer que el cambio puede ser estresante y proporcionar apoyo emocional a los empleados. Programas de bienestar, asesoramiento y talleres pueden ayudar a aliviar la ansiedad asociada con la transformación.

- **Comunicar los Beneficios del Cambio:** Comunicar de manera clara y efectiva cómo el cambio beneficiará a la organización y a los empleados. Esto puede incluir oportunidades de crecimiento, mejora en la eficiencia y satisfacción del cliente.

5. Medir el Progreso y Aprender del Cambio

Una vez implementados los cambios, es fundamental medir su éxito y aprender de la experiencia.

- **Establecer Indicadores de Rendimiento:** Definir métricas claras para evaluar el impacto de los cambios y el pensamiento disruptivo. Esto ayuda a identificar qué estrategias están funcionando y cuáles necesitan ajustes.

- **Promover el Aprendizaje Continuo:** Fomentar una cultura de aprendizaje continuo donde se evalúen los resultados de las iniciativas y se apliquen lecciones aprendidas en futuros procesos de cambio.

Ejemplos de empresas y líderes que innovaron con éxito

La innovación ha sido un motor clave del crecimiento y la sostenibilidad en muchas empresas a lo largo de la historia. A continuación, se presentan ejemplos destacados de empresas y líderes que han sabido innovar con éxito, transformando sus industrias y creando nuevas oportunidades de mercado.

1. Apple Inc. - Steve Jobs

Apple es quizás uno de los ejemplos más emblemáticos de innovación exitosa en el mundo empresarial. Bajo la dirección de Steve Jobs, la empresa no solo revolucionó el mercado de la tecnología, sino que también redefinió la forma en que interactuamos con la tecnología.

- **Productos Innovadores:** El lanzamiento del iPod, iPhone y iPad no solo estableció a Apple como un líder en la tecnología, sino que también transformó las industrias de la música, las telecomunicaciones y la informática.

- **Diseño Centrado en el Usuario:** Jobs impulsó una filosofía de diseño que priorizaba la experiencia del usuario, haciendo que los productos de Apple fueran intuitivos y estéticamente agradables. Esto creó una base de clientes leales que estaban dispuestos a pagar precios premium.

- **Ecosistema Integrado:** Apple desarrolló un ecosistema integrado que conecta sus dispositivos y servicios, lo que ha permitido una experiencia de usuario fluida y continua, lo que aumenta la retención y la satisfacción del cliente.

2. Amazon - Jeff Bezos

Amazon ha revolucionado la forma en que los consumidores compran productos y servicios. Jeff Bezos, su fundador, ha sido un pionero en la adopción de tecnologías emergentes y en la innovación en el comercio electrónico.

- **E-commerce y Logística:** Amazon transformó el comercio electrónico mediante la creación de una plataforma que facilita la compra en línea. La compañía ha invertido enormemente en logística, permitiendo entregas rápidas y eficientes, incluyendo el innovador servicio Amazon Prime.

- **Inteligencia Artificial y Personalización:** Amazon utiliza inteligencia artificial para ofrecer recomendaciones personalizadas a los clientes, mejorando la experiencia de compra y aumentando las ventas.

- **Amazon Web Services (AWS):** Con el lanzamiento de AWS, Amazon no solo creó un nuevo modelo de negocio, sino que también revolucionó la computación en la nube, convirtiéndose en un líder en el sector y ofreciendo servicios a miles de empresas.

3. Tesla, Inc. - Elon Musk

Tesla ha cambiado la percepción y la viabilidad de los vehículos eléctricos en la industria automotriz. Bajo el liderazgo de Elon Musk, la empresa ha impulsado la innovación en varios aspectos del transporte y la energía.

- **Vehículos Eléctricos de Alto Rendimiento:** Tesla ha desarrollado vehículos eléctricos que no solo son sostenibles, sino que también ofrecen un rendimiento superior y características tecnológicas avanzadas, como el piloto automático.

- **Energía Sostenible:** Tesla también ha innovado en el sector de la energía con productos como los paneles solares y las baterías de almacenamiento de energía, promoviendo un futuro energético más sostenible.

- **Modelo de Negocios Directo al Consumidor:** Tesla eliminó intermediarios al vender directamente a los consumidores, lo que le permitió tener un mayor control sobre la experiencia del cliente y aumentar la eficiencia.

4. Netflix - Reed Hastings y Marc Randolph

Netflix ha transformado la forma en que consumimos entretenimiento, pasando de un servicio de alquiler de DVDs a un líder en streaming y producción de contenido original.

- **Innovación en el Consumo de Contenido:** Netflix introdujo un modelo de streaming que permitió a los usuarios acceder a una vasta biblioteca de contenido en cualquier momento y lugar, cambiando la forma en que consumimos televisión y películas.

- **Producción de Contenido Original:** Al invertir en contenido original, como "House of Cards" y "Stranger Things", Netflix no solo diversificó su oferta, sino que también estableció una nueva forma de producción de entretenimiento que competía con los estudios tradicionales.

- **Algoritmos de Recomendación:** Netflix utiliza algoritmos avanzados para personalizar las recomendaciones de contenido, mejorando la experiencia del usuario y aumentando el tiempo de visualización.

5. Airbnb - Brian Chesky, Joe Gebbia y Nathan Blecharczyk

Airbnb ha transformado la industria hotelera al ofrecer un modelo de alojamiento basado en la economía colaborativa. Los fundadores de Airbnb han logrado innovar en la forma en que las personas encuentran y reservan alojamiento.

- **Plataforma de Intercambio:** La creación de una plataforma que conecta a anfitriones y huéspedes permitió que personas comunes alquilaran sus espacios, ofreciendo una alternativa a los hoteles y aumentando la variedad de opciones disponibles para los viajeros.

- **Experiencias Locales:** Airbnb ha expandido su modelo para incluir "Experiencias", permitiendo a los viajeros participar en actividades locales dirigidas por residentes, lo que enriquece la experiencia de viaje.

- **Adaptación Rápida a Crisis:** Durante la pandemia de COVID-19, Airbnb se adaptó rápidamente a la situación, ofreciendo nuevos servicios y opciones de flexibilidad para los huéspedes y anfitriones.

Capítulo 8: Ética y responsabilidad empresarial

○ Cómo liderar con integridad

El liderazgo con integridad es fundamental para construir un ambiente de trabajo positivo y sostenible. La integridad implica actuar de acuerdo con principios éticos sólidos, ser transparente en las decisiones y comportarse de manera coherente con los valores que se predican. Aquí se presentan diversas estrategias y enfoques para liderar con integridad en el entorno empresarial.

1. Definir y Comunicar Valores Claros

Para liderar con integridad, es esencial establecer y comunicar valores claros que guíen el comportamiento y las decisiones de todo el equipo.

- **Establecer una Misión y Visión:** Definir la misión y visión de la organización ayuda a todos a entender la dirección y los objetivos comunes. Esto crea un sentido de propósito compartido.

- **Crear un Código de Ética:** Desarrollar un código de ética que establezca expectativas claras sobre el comportamiento en el lugar de trabajo. Este código debe ser accesible y ser revisado regularmente para garantizar que se mantenga relevante.

- **Modelar el Comportamiento:** Los líderes deben actuar de acuerdo con los valores que promueven. La coherencia entre las palabras y las acciones es fundamental para ganar la confianza del equipo.

2. Fomentar la Transparencia

La transparencia es clave para construir confianza y credibilidad dentro de un equipo.

- **Comunicación Abierta:** Fomentar un entorno donde los empleados se sientan cómodos compartiendo sus ideas, preocupaciones y retroalimentación. Esto incluye ser receptivo a las críticas y sugerencias.

- **Compartir Información:** Informar a los empleados sobre decisiones importantes, cambios organizacionales y el estado de la empresa. Esto ayuda a que todos se sientan parte del proceso y reduce la incertidumbre.

- **Reconocer Errores:** Admitir errores y ser transparente sobre las lecciones aprendidas. Esto no solo muestra integridad, sino que también crea un ambiente donde los empleados se sienten seguros para expresar sus propias fallas y aprender de ellas.

3. Promover la Responsabilidad

La responsabilidad es un componente esencial del liderazgo con integridad. Los líderes deben ser responsables de sus acciones y decisiones.

- **Establecer Expectativas Claras:** Definir roles y responsabilidades claras para cada miembro del equipo. Esto ayuda a garantizar que todos comprendan lo que se espera de ellos y cómo pueden contribuir al éxito del equipo.

- **Revisar el Desempeño Regularmente:** Implementar revisiones periódicas del desempeño que incluyan evaluaciones objetivas y constructivas. Esto permite que los líderes y empleados se responsabilicen mutuamente.

- **Tomar Decisiones Éticas:** Cuando se enfrentan a decisiones difíciles, los líderes deben evaluar las implicaciones éticas de sus opciones y optar por el camino que esté alineado con los valores de la organización.

4. Empoderar a los Empleados

Un líder con integridad reconoce el valor de su equipo y busca empoderar a los empleados en sus roles.

- **Fomentar la Autonomía:** Proporcionar a los empleados la libertad y la autoridad para tomar decisiones dentro de sus áreas de responsabilidad. Esto no solo aumenta la confianza, sino que también fomenta la innovación.

- **Ofrecer Oportunidades de Crecimiento:** Proporcionar capacitación y desarrollo profesional para ayudar a los empleados a crecer en sus roles. Esto demuestra que se valora su contribución y se apoya su desarrollo.

- **Celebrar Éxitos:** Reconocer y celebrar los logros del equipo, tanto grandes como pequeños. Esto crea un ambiente positivo y motivador.

5. Escuchar Activa y Empáticamente

La escucha activa y empática es crucial para liderar con integridad, ya que demuestra respeto por las opiniones y sentimientos de los demás.

- **Establecer Canales de Retroalimentación:** Crear oportunidades para que los empleados proporcionen retroalimentación, ya sea a través de reuniones regulares, encuestas anónimas o conversaciones individuales.

- **Practicar la Empatía:** Mostrar interés genuino en las preocupaciones y necesidades de los empleados. Hacer preguntas abiertas y escuchar sin interrumpir permite una comprensión más profunda de sus perspectivas.

- **Respetar la Diversidad de Opiniones:** Valorar y considerar diversas opiniones y enfoques en la toma de decisiones. Esto no solo enriquece el proceso, sino que también fomenta un ambiente inclusivo.

6. Ser un Modelo a Seguir

Los líderes deben ser ejemplos de integridad en sus acciones y comportamientos.

- **Demostrar Coherencia:** Alinear las decisiones y acciones con los valores de la organización. La coherencia genera confianza y credibilidad.

- **Actuar con Coraje:** En situaciones difíciles, los líderes deben tener el coraje de defender lo que es correcto, incluso si eso significa tomar decisiones impopulares o difíciles.

- **Inspirar Confianza:** Ser honesto y abierto en todas las interacciones. La confianza es la base de una relación sólida entre el líder y su equipo.

Responsabilidad social y ambiental en los negocios

La responsabilidad social y ambiental en los negocios (RSE) se refiere a la obligación de las empresas de actuar de manera ética y contribuir al bienestar social y ambiental. En un mundo donde las expectativas de los consumidores, inversores y la sociedad en general están en constante evolución, adoptar un enfoque proactivo hacia la RSE se ha convertido en una necesidad estratégica y no solo en un mero cumplimiento de regulaciones.

1. Definición de Responsabilidad Social y Ambiental

La RSE implica que las empresas integren preocupaciones sociales y ambientales en sus operaciones y en su interacción con los grupos de interés. Esto incluye:

- **Ética Empresarial:** Actuar de manera justa y transparente en todas las transacciones y decisiones empresariales.
- **Impacto Social:** Contribuir al desarrollo social y económico de las comunidades donde operan.
- **Sostenibilidad Ambiental:** Implementar prácticas que minimicen el impacto negativo en el medio ambiente y promuevan la conservación de recursos.

2. Importancia de la RSE en el Mundo Empresarial Actual

La RSE es esencial por varias razones:

- **Reputación y Confianza:** Las empresas que demuestran un compromiso genuino con la RSE suelen ganar la confianza de los consumidores, lo que puede traducirse en lealtad y repetición de negocios.

- **Ventaja Competitiva:** Adoptar prácticas responsables puede diferenciar a una empresa de sus competidores, atrayendo a clientes y empleados que valoran la ética y la sostenibilidad.

- **Cumplimiento Regulatorio:** A medida que aumentan las regulaciones en materia de medio ambiente y derechos humanos, adoptar un enfoque proactivo hacia la RSE puede ayudar a las empresas a cumplir con estas normativas y evitar sanciones.

- **Inversión y Financiamiento:** Los inversores están cada vez más interesados en empresas con sólidos compromisos de RSE, lo que puede facilitar el acceso a capital y mejores condiciones de financiamiento.

- **Innovación:** La búsqueda de soluciones sostenibles puede inspirar la innovación y el desarrollo de nuevos productos y servicios.

3. Componentes Clave de la RSE

La RSE abarca varios componentes que las empresas deben considerar para ser realmente responsables:

- **Derechos Humanos:** Respetar y promover los derechos humanos en todas las operaciones, asegurando condiciones laborales justas y seguras.

- **Impacto Ambiental:** Implementar prácticas que reduzcan la huella de carbono, gestionen adecuadamente los desechos y utilicen recursos de manera eficiente.

- **Desarrollo Comunitario:** Invertir en las comunidades locales a través de iniciativas de educación, salud y desarrollo económico.

- **Transparencia y Rendición de Cuentas:** Proporcionar información clara y accesible sobre las prácticas empresariales y su impacto social y ambiental.

- **Relaciones con Stakeholders:** Involucrar a todas las partes interesadas (empleados, clientes, proveedores, comunidades y accionistas) en el desarrollo de políticas y prácticas de RSE.

4. Estrategias para Implementar RSE en las Empresas

Para que una empresa sea verdaderamente responsable, debe adoptar estrategias específicas:

- **Evaluación de Impacto:** Realizar auditorías y evaluaciones de impacto para identificar áreas de mejora en términos sociales y ambientales.

- **Definición de Objetivos:** Establecer metas claras y alcanzables relacionadas con la sostenibilidad y la responsabilidad social, alineadas con la misión y visión de la empresa.

- **Capacitación y Sensibilización:** Formar a los empleados en prácticas de RSE y fomentar una cultura organizacional que valore la responsabilidad social.

- **Colaboración y Alianzas:** Formar alianzas con otras organizaciones, ONGs y la comunidad para maximizar el impacto de las iniciativas de RSE.

- **Monitoreo y Reporte:** Implementar sistemas de monitoreo para evaluar el progreso y los resultados de las iniciativas de RSE, y comunicar estos resultados de manera transparente.

5. Beneficios de la RSE para las Empresas

La RSE no solo beneficia a la sociedad y el medio ambiente, sino que también puede generar ventajas significativas para las empresas:

- **Reducción de Costos:** Las prácticas sostenibles pueden llevar a una reducción de costos operativos a través de una mayor eficiencia y menos desperdicio.

- **Atracción y Retención de Talento:** Las empresas que demuestran un compromiso con la RSE a menudo atraen a empleados que valoran la ética y la responsabilidad, lo que puede mejorar la retención y la satisfacción laboral.

- **Acceso a Nuevos Mercados:** La RSE puede abrir oportunidades en mercados emergentes y en segmentos de consumidores que valoran la sostenibilidad.

- **Mejora de la Innovación:** La búsqueda de soluciones sostenibles puede fomentar un entorno innovador que lleve al desarrollo de nuevos productos y servicios.

6. Ejemplos de Prácticas de RSE Exitosas

- **Coca-Cola:** Ha implementado iniciativas de sostenibilidad que incluyen la reducción de su huella de agua y el reciclaje de botellas. Su programa "World Without Waste" busca recolectar y reciclar el equivalente al 100% de sus envases para 2030.

- **Unilever:** La empresa se ha comprometido a reducir su huella ambiental y mejorar la salud y el bienestar de las personas a través de su "Plan de Vida Sostenible", que integra la sostenibilidad en su modelo de negocio.

- **Patagonia:** Conocida por su fuerte compromiso con el medio ambiente, Patagonia dona un porcentaje de sus ventas a causas ambientales y promueve la reparación y el reciclaje de sus productos.

Tomar decisiones éticas en tiempos de crisis

Las crisis representan momentos de alta presión para las organizaciones, donde las decisiones deben tomarse de manera rápida y efectiva, pero también ética. La forma en que una empresa responde en tiempos difíciles puede definir su reputación, su relación con los empleados y clientes, y su sostenibilidad a largo plazo. A continuación, se exploran los principios y estrategias para tomar decisiones éticas durante períodos de crisis.

1. Definición de Decisiones Éticas

Las decisiones éticas son aquellas que se basan en principios de justicia, equidad y responsabilidad. Implican considerar no solo el resultado inmediato, sino también el impacto a largo plazo en todas las partes interesadas, incluyendo empleados, clientes, proveedores y la comunidad. En situaciones de crisis, estas decisiones se vuelven aún más críticas, ya que pueden afectar vidas, economías y la confianza pública.

2. Importancia de las Decisiones Éticas en Tiempos de Crisis

- **Confianza y Lealtad:** Las organizaciones que demuestran integridad en sus decisiones durante crisis suelen ganar la confianza de sus empleados y clientes. Esta confianza puede ser fundamental para la recuperación y la estabilidad a largo plazo.

- **Reputación de Marca:** Las decisiones éticas pueden fortalecer o debilitar la reputación de una empresa. Un manejo responsable durante la crisis puede resultar en una imagen positiva, mientras que decisiones cuestionables pueden tener efectos negativos duraderos.

- **Cumplimiento Legal y Normativo:** Las crisis a menudo vienen acompañadas de un marco legal y regulatorio que las empresas deben seguir. Tomar decisiones éticas puede ayudar a evitar problemas legales y sanciones.

- **Responsabilidad Social:** Las empresas tienen la responsabilidad de actuar en el mejor interés de la sociedad. En tiempos de crisis, este principio se vuelve aún más relevante, ya que las decisiones pueden tener un impacto significativo en la comunidad y el medio ambiente.

3. Principios para Tomar Decisiones Éticas en Crisis

- **Transparencia:** La comunicación clara y honesta es fundamental. Las organizaciones deben compartir información relevante sobre la crisis, las decisiones que se están tomando y los motivos detrás de ellas.

- **Implicación de las Partes Interesadas:** Involucrar a los empleados, clientes y otros grupos de interés en el proceso de toma de decisiones puede proporcionar perspectivas valiosas y aumentar la aceptación de las decisiones tomadas.

- **Análisis de Consecuencias:** Evaluar las posibles consecuencias de cada opción de decisión no solo en términos financieros, sino también en términos sociales, éticos y ambientales.

- **Integridad y Responsabilidad:** Mantener un compromiso firme con los valores y principios éticos de la organización, incluso bajo presión, es crucial. Las decisiones deben alinearse con la misión y visión de la empresa.

- **Flexibilidad y Adaptación:** Las circunstancias pueden cambiar rápidamente durante una crisis, por lo que es importante estar dispuesto a reevaluar decisiones a medida que se presentan nuevas informaciones y desafíos.

4. Estrategias para Tomar Decisiones Éticas Durante una Crisis

- **Crear un Comité de Crisis:** Formar un equipo multidisciplinario que incluya representantes de diferentes áreas de la organización para discutir y evaluar las decisiones críticas. Este enfoque colaborativo ayuda a asegurar que se consideren múltiples perspectivas.

- **Establecer Criterios Claros de Decisión:** Definir un conjunto de principios o criterios éticos que guiarán el proceso de toma de decisiones. Esto puede incluir consideraciones sobre impacto social, equidad y sostenibilidad.

- **Fomentar un Entorno Abierto:** Promover un ambiente donde los empleados se sientan seguros para expresar sus preocupaciones y sugerencias sobre las decisiones que se están tomando. La retroalimentación puede ser invaluable en tiempos de incertidumbre.

- **Implementar Soluciones Innovadoras:** Buscar alternativas creativas que puedan satisfacer las necesidades de la empresa y de la comunidad. Las crisis pueden ser oportunidades para la innovación y la mejora de procesos.

- **Evaluar y Aprender:** Una vez que la crisis ha pasado, realizar una revisión de las decisiones tomadas y sus resultados. Aprender de estas experiencias puede ayudar a mejorar los procesos para futuras crisis.

5. Ejemplos de Decisiones Éticas en Tiempos de Crisis

- **Empresas Durante la Pandemia de COVID-19:** Muchas empresas tomaron decisiones éticas al priorizar la salud y seguridad de sus empleados, implementando el trabajo remoto y proporcionando apoyo emocional y financiero durante tiempos difíciles.

- **Donaciones y Apoyo Comunitario:** Algunas organizaciones decidieron destinar parte de sus ganancias o recursos a ayudar a las comunidades afectadas por desastres naturales, mostrando un compromiso con el bienestar social.

- **Transparencia en Crisis Financieras:** En el caso de crisis económicas, las empresas que fueron transparentes sobre su situación financiera y las decisiones que estaban tomando para recuperarse, como recortes salariales o despidos, pudieron mantener la confianza de sus empleados y clientes.

Conclusión: Convertirse en un ejecutivo de alto impacto

- ## Resumen de las claves de la eficiencia

La eficiencia en el entorno empresarial es crucial para maximizar el rendimiento y asegurar la sostenibilidad a largo plazo. A continuación se presentan las claves fundamentales que contribuyen a la eficiencia:

1. **Definición Clara de Objetivos:**

    - Establecer metas específicas y medibles que guíen el trabajo y permitan evaluar el progreso.

2. **Técnicas de Priorización:**

    - Utilizar herramientas como la Matriz de Eisenhower y el Método Pomodoro para organizar tareas según su urgencia e importancia, optimizando el uso del tiempo.

3. **Delegación Inteligente:**

    - Asignar tareas adecuadas a las personas correctas, promoviendo la confianza y el desarrollo de habilidades dentro del equipo.

4. **Liderazgo Basado en Resultados:**

    - Fomentar un ambiente donde el enfoque esté en los resultados y el rendimiento, empoderando a los equipos para que alcancen sus objetivos.

5. **Comunicación Clara y Persuasiva:**

    ○ Mantener canales de comunicación abiertos y efectivos que aseguren que todos los miembros del equipo comprendan las expectativas y la dirección.

6. **Motivación y Guía de Equipos:**

    ○ Inspirar y apoyar a los equipos, promoviendo un sentido de pertenencia y un ambiente colaborativo que impulse el rendimiento.

7. **Toma de Decisiones Informadas:**

    ○ Evaluar datos y análisis para fundamentar decisiones rápidas, equilibrando la velocidad con la calidad de la información.

8. **Gestión de Riesgos:**

    ○ Identificar y evaluar riesgos potenciales para tomar decisiones informadas que maximicen las oportunidades y minimicen las amenazas.

9. **Estructura de Reuniones Productivas:**

    ○ Planificar y organizar reuniones efectivas con objetivos claros y una agenda definida, evitando pérdida de tiempo.

10. **Uso de Herramientas Colaborativas:**

    ○ Implementar software y aplicaciones que faciliten la colaboración y la comunicación en tiempo real entre los miembros del equipo.

11. **Eliminación de Reuniones Innecesarias:**

    ○ Evaluar la necesidad de cada reunión, promoviendo la eficiencia al reducir la cantidad de encuentros que no aportan valor.

12. **Automatización de Tareas:**

    ○ Emplear tecnología para automatizar procesos repetitivos, liberando tiempo para tareas más estratégicas.

13. **Inteligencia Artificial como Asistente:**

    ○ Utilizar herramientas de inteligencia artificial para mejorar la productividad y la toma de decisiones, apoyando a los ejecutivos en su día a día.

14. **Prevención del Agotamiento:**

    ○ Implementar estrategias para gestionar el estrés y promover un equilibrio entre la vida personal y laboral, garantizando el bienestar de los empleados.

15. **Fomento de Hábitos Saludables:**

    ○ Promover una cultura de salud y bienestar que ayude a mantener la energía y la concentración, contribuyendo a un ambiente laboral más productivo.

16. **Mentalidad Innovadora:**

    ○ Fomentar la creatividad y la innovación en el equipo, permitiendo la adaptación al cambio y la búsqueda de soluciones disruptivas.

17. **Liderazgo con Integridad:**

    ○ Actuar con transparencia y ética, construyendo relaciones de confianza tanto dentro como fuera de la organización.

18. **Responsabilidad Social y Ambiental:**

    ○ Integrar prácticas responsables que beneficien a la comunidad y al medio ambiente, lo que a su vez puede mejorar la reputación de la empresa.

19. **Toma de Decisiones Éticas:**

    ○ Priorizar la ética en la toma de decisiones, especialmente en tiempos de crisis, para mantener la confianza y la sostenibilidad.

Al incorporar estas claves en la práctica diaria, los ejecutivos pueden crear un entorno más eficiente, resiliente y productivo, capaz de enfrentar los desafíos del mundo empresarial actual.

Crear un plan de acción personal para mejorar

Para mejorar la eficiencia personal y profesional, es esencial desarrollar un plan de acción claro y estructurado. A continuación se presenta un plan que puede adaptarse a tus necesidades individuales y objetivos específicos:

1. Evaluación Inicial

- **Autoanálisis:** Realiza un análisis honesto de tus habilidades actuales, hábitos de trabajo y áreas de mejora. Identifica tus fortalezas y debilidades en la gestión del tiempo, comunicación, delegación, etc.

- **Establecimiento de Objetivos:** Define metas específicas que deseas alcanzar. Utiliza el enfoque SMART (específicos, medibles, alcanzables, relevantes y con tiempo determinado).

2. Desarrollo de Habilidades

- **Capacitación y Aprendizaje:**

  - Inscríbete en cursos online o presenciales sobre gestión del tiempo, liderazgo, comunicación, o habilidades técnicas relevantes para tu campo.

  - Lee libros o consume contenido (podcasts, webinars) sobre temas de eficiencia y productividad.

- **Práctica Regular:**
  - Implementa lo aprendido en tu trabajo diario. Por ejemplo, si aprendes sobre la técnica Pomodoro, úsala durante tus sesiones de trabajo.

3. Implementación de Técnicas de Priorización

- **Matriz de Eisenhower:**
  - Clasifica tus tareas en cuatro cuadrantes: urgente e importante, importante pero no urgente, urgente pero no importante, y no urgente ni importante. Prioriza tus actividades en función de esta matriz.

- **Método Pomodoro:**
  - Dedica 25 minutos a una tarea específica y luego toma un breve descanso de 5 minutos. Repite este ciclo para mantener la concentración y evitar el agotamiento.

4. Mejorar la Delegación

- **Identificación de Tareas para Delegar:**
  - Revisa tu lista de tareas y determina cuáles pueden ser delegadas a otros miembros del equipo. Considera las habilidades y capacidades de cada persona al asignar tareas.

- **Comunicación Clara:**
  - Al delegar, proporciona instrucciones claras y establece expectativas sobre el resultado y los plazos.

5. Fomentar la Comunicación Clara

- **Reuniones Efectivas:**
    - Establece agendas claras y objetivos para cada reunión. Asegúrate de que cada miembro del equipo esté preparado y sepa cuál es su papel.
- **Feedback Constructivo:**
    - Fomenta una cultura de retroalimentación en tu equipo, tanto para dar como para recibir. Usa herramientas como encuestas anónimas para obtener información honesta.

6. Gestión del Estrés y el Agotamiento

- **Técnicas de Relajación:**
    - Practica técnicas de relajación como la meditación, el yoga o ejercicios de respiración profunda. Dedica tiempo diariamente para desconectar.
- **Establecimiento de Límites:**
    - Define horarios claros para el trabajo y el tiempo personal. Asegúrate de no sobrecargarte de tareas fuera del horario laboral.

7. Fomento de Hábitos Saludables

- **Estilo de Vida Activo:**
    - Incorpora actividad física regular en tu rutina. Esto puede ser una caminata diaria, clases de ejercicio, o deportes en equipo.

- **Alimentación Balanceada:**
  - Mantén una dieta equilibrada y saludable que te proporcione energía. Evita el exceso de cafeína y azúcares.

8. Medición y Ajuste

- **Revisión Periódica:**
  - Establece momentos regulares (mensuales o trimestrales) para revisar tu progreso. Evalúa qué estrategias están funcionando y cuáles necesitan ajustes.

- **Ajuste de Objetivos:**
  - Si es necesario, adapta tus metas en función de tus experiencias y resultados. Mantén la flexibilidad para ajustar tu enfoque según lo requiera la situación.

9. Celebración de Logros

- **Reconocimiento Personal:**
  - Celebra tus logros, por pequeños que sean. Esto puede incluir recompensas personales, tiempo libre o disfrutar de actividades que te gusten.

- **Motivación Continua:**
  - Mantente motivado revisando tus logros y visualizando tus objetivos futuros. Rodéate de personas que te apoyen y te inspiren.

www.ingramcontent.com/pod-product-compliance
Lightning Source LLC
Chambersburg PA
CBHW071057240526
45471CB00016B/1983